VRHUNSKI GRIJAČI ZA KAMINE 2024

Piće, slatkiši i Dijeljivi sadržaji za uživanje uz logorsku vatru

Aleksandar Mlakar

Materijal autorskih prava ©2024

Sva prava pridržana

Nijedan dio ove knjige ne smije se koristiti ili prenositi u bilo kojem obliku ili na bilo koji način bez odgovarajućeg pisanog pristanka izdavača i vlasnika autorskih prava, osim kratkih citata korištenih u recenziji . Ovu knjigu ne treba smatrati zamjenom za medicinske, pravne ili druge stručne savjete.

SADRŽAJ

SADRŽAJ 3
UVOD 6
DIJELJIVE 7
   1. ZA KAMPIRANJE KRAFNI 8
   2. BACKPACKER BAROVI 10
   3. ORANGE CUP GINGERBREAD 12
   4. KAMPIRANJE KRUH PIZZA SENDVIČI 14
   5. CAMP SNEWERED CANTALOUPE 16
   6. CHUCKWAGON ĆEVAPI 18
   7. KAMP MUFFINI S NARANČOM 20
   8. FRANCUSKI TOST ZA KAMPIRANJE 22
   9. KRUH OD ĐUMBIRA I UMAK OD JABUKA 24
   10. CAMPING BLUE KUKURUZNE TORTILJE 26
   11. OSNOVNI BANNOCK KRUH 28
   12. LOGORSKI KRUH 31
   13. KAMP KUKURUZNI KRUH 33
   14. KRUMPIR PEČEN U SLANINI 35
   15. KAMP KRAFNE 37
   16. MAJMUNSKI KRUH ZA LOGORSKU VATRU 39
   17. PIVSKI KRUH U NIZOZEMSKOJ PEĆNICI 41
   18. TOPLI SENDVIČI UZ LOGORSKU VATRU 43
   19. PALAČINKE S KVASCEM ZA KAMPIRANJE 45
SLATKIŠI 47
   20. BROD BANANA 48
   21. BACKCOUNTRY TORTA 50
   22. KAMPIRANJE ORANGE SURPRISE 52
   23. POSTOLAR LOGORSKE VATRE 54
   24. SLATKE POSLASTICE 56
   25. KOLAČIĆI S MASLACEM OD KIKIRIKIJA 58
   26. SMORE-TACULAR JABUKE 60
   27. CAMPING DUMP CAKE 62
   28. SLASTICE OD TREŠNJE 64
   29. KAVA MOŽE SLADOLED 66
   30. TRAIL BROWNIES 68
   31. LOGORSKA VATRA JABUKE S CIMETOM 70
   32. KOLAČ OD KAVE UZ LOGORSKU VATRU I CIMET 72
   33. FONDUE NA LOGORSKOJ VATRI 74
PIĆA 76
   34. LOGORSKA VATRA VRUĆI KAKAO 77
   35. COWBOY KAVA ZA KAMPIRANJE 79
   36. BELGIJSKI HOT TODDY 81

37. CHAI HOT TODDY 83
38. PEACH HOT TODDY 85
39. HOT TODDY ELIKSIR OD BAZGE 87
40. HEATHER HONEY HOT TODDY 89
41. KUHANO VINO OD RUŽMARINA I CRNI ČAJ 91
42. KUHANO PIVO SA ZAČINIMA I RAKIJOM 93
43. TOPLA ČOKOLADA ZAČINJENA KARDAMOMOM I RUŽOM 95
44. ZAČINJENA TOPLA ČOKOLADA NADAHNUTA MEKSIKOM 97
45. TOPLA ČOKOLADA ZAČINJENA MEDENJACIMA 99
46. CHAI ZAČINJENA TOPLA ČOKOLADA 101
47. PETA TOPLA ČOKOLADA 103
48. VRUĆA ČOKOLADA RED VELVET 105
49. VRUĆA ČOKOLADA SA SIROM 107
50. TOPLA ČOKOLADA S KOZJIM SIROM I MEDOM 109
51. PLAVI SIR VRUĆA ČOKOLADA 111
52. TOPLA ČOKOLADA S PARMEZANOM I MORSKOM SOLI 113
53. PEPPER JACK I CAYENNE VRUĆA ČOKOLADA 115
54. TOBLERONE VRUĆA ČOKOLADA 117
55. CHEESY HOT TODDY 119
56. TOPLA ČOKOLADA S KOKOSOM 121
57. FERRERO ROCHER TOPLA ČOKOLADA 123
58. HONEYCOMB CANDY TOPLA ČOKOLADA 125
59. JAVOROVA TOPLA ČOKOLADA 127
60. ROSE HOT CHOCOLATE 129
61. VRUĆA ČOKOLADA S CVIJETOM NARANČE 131
62. TOPLA ČOKOLADA S CVIJETOM BAZGE 133
63. HIBISKUS VRUĆA ČOKOLADA 135
64. TOPLA ČOKOLADA S LAVANDOM 137
65. TAMNA MATCHA TOPLA ČOKOLADA 139
66. MINT TOPLA ČOKOLADA 141
67. TOPLA ČOKOLADA S RUŽMARINOM 143
68. TOPLA ČOKOLADA S BOSILJKOM 145
69. VRUĆA ČOKOLADA OD KADULJE 147
70. BIJELA TOPLA ČOKOLADA OREO 149
71. BISCOFF VRUĆA ČOKOLADA 151
72. SNICKERDOODLE VRUĆA ČOKOLADA 153
73. VRUĆA ČOKOLADA S KOMADIĆIMA ČOKOLADE 155
74. GINGERBREAD HOT CHOCOLAT E 157
75. KUHANO VINO 159
76. PUDSEY MEDVJEDIĆ KEKSI HOT ČOKOLADA 161
77. BROWNIE TOPLA ČOKOLADA 163
78. AÇAÍ VRUĆA ČOKOLADA 165
79. VRUĆA ČOKOLADA SCHWARZWALD 167
80. ZAČINJENA AZTEC TOPLA ČOKOLADA S TEKILOM 169

81. VRUĆA ČOKOLADA S JAGODAMA 171
82. NARANČASTA TOPLA ČOKOLADA 173
83. TOPLA ČOKOLADA S MALINOM 175
84. TOPLA ČOKOLADA OD BANANE 177
85. TOPLA ČOKOLADA NUTELLA 179
86. VRUĆA ČOKOLADA INSPIRIRANA PB&J 181
87. VRUĆA ČOKOLADA S MASLACEM OD KIKIRIKIJA I BANANOM 183
88. SERENDIPITYJEVA SMRZNUTA TOPLA ČOKOLADA 185
89. AMARETTO TOPLA ČOKOLADA 187
90. VRUĆA ČOKOLADA S VINOM 189
91. TOPLA ČOKOLADA S PEPERMINTOM 191
92. RUMCHATA ZAČINJENA TOPLA ČOKOLADA 193
93. TOPLA ČOKOLADA SA ZAČINJENOM NARANČOM 195
94. CAFE AU LAIT 197
95. KLASIČNI AMERIKANAC 199
96. MACCHIATO 201
97. MOKA 203
98. KAVA S MLIJEKOM 205
99. BAILEYS IRISH CREAM TOPLA ČOKOLADA 207
100. MEKSIČKA ZAČINJENA KAVA 209

ZAKLJUČAK 211

UVOD

Dobro došli u "VRHUNSKI GRIJAČI ZA KAMINE 2024", vaš vodič za stvaranje ugodnog i divnog iskustva uz logorsku vatru. Ova kolekcija je slavlje topline i prijateljstva koje dolazi s dijeljenjem pića, slatkiša i dijeljenja u treperavom sjaju plamena. Pridružite nam se na putovanju koje vaša okupljanja na otvorenom pretvara u nezaboravne trenutke ispunjene utješnim poslasticama i užitkom zajedništva.

Zamislite scenu u kojoj pucketanje vatre predstavlja pozadinu za smijeh, priče i miris slasnih poslastica uz vatru. "VRHUNSKI GRIJAČI ZA KAMINE 2024" nije samo zbirka recepata; to je istraživanje umjetnosti stvaranja nezaboravnih trenutaka uz logorsku vatru. Bilo da kampirate s prijateljima, palite lomaču u dvorištu ili jednostavno žudite za udobnošću večeri uz vatru, ovi su recepti osmišljeni kako bi poboljšali vaše iskustvo na otvorenom divnim pićima, slatkišima i stvarima za dijeljenje.

Od toplih napitaka poput začinjene jabukovače i vruće čokolade do gnjecavih s'moresa i slanih zalogaja uz logorsku vatru, svaki recept je slavlje okusa i tradicije koji okupljanja uz kamin čine posebnima. Bilo da ispijate utješno piće, uživate u slatkoj poslastici ili dijelite ukusne zalogaje s prijateljima, ova kolekcija je vaš vodič za poboljšanje vaših grijača za kamin.

Pridružite nam se dok krećemo na putovanje kroz svijet užitaka uz vatru, gdje je svaka kreacija dokaz radosti okupljanja oko vatre, povezivanja s voljenima i uživanja u jednostavnim užicima trenutaka na otvorenom. Dakle, skupite svoje deke, potpalite vatru i stvorimo trajne uspomene uz "VRHUNSKI GRIJAČI ZA KAMINE 2024".

DIJELJIVE

1.za kampiranje krafni

SASTOJCI:
- 2 keksa s mlaćenicom u konzervi (otvoreni tip)
- 1 šalica masti
- 1 šalica šećera u prahu ili mješavine šećera/cimeta

POSEBNA OPREMA:
- papirnata vrećica

UPUTE:
a) Na čistoj radnoj površini razdvojite limenke za keks i svaki keks prelomite na četvrtine te svaki dio razvaljajte u kuglicu.
b) Otopite mast u tavi.
c) Uzmite svaku kuglicu i pržite u tavi oko 1 minutu sa svake strane.
d) Pokušajte ne prepuniti tavu kuhajući sve odjednom. Lakše ćete zapeći svaku stranu.
e) Žličicom izvadite kuglicu i stavite u vrećicu napunjenu šećerom i protresite.

2.Backpacker barovi

SASTOJCI:
- 1 šalica maslaca
- 4 jaja -- lagano umućena
- 1 ½ šalice smeđeg šećera
- 2 šalice cijelih badema
- 1 šalica zobi za brzo kuhanje
- 1 šalica komadića čokolade
- 1 šalica integralnog pšeničnog brašna
- ½ šalice nasjeckanih datulja
- 1 šalica bijelog brašna
- ½ šalice nasjeckanih suhih marelica
- ½ šalice pšeničnih klica
- ½ šalice naribanog kokosa
- 4 žličice naribane narančine korice

UPUTE:
a) Prethodno zagrijte pećnicu na 350. Umiješajte maslac s 1 šalicom smeđeg šećera.
b) Umiješajte zob, pšenično brašno, bijelo brašno, pšenične klice i narančinu koricu.
c) Pritisnite smjesu na dno nepodmazane posude za pečenje veličine 9 x 13 inča.
d) Pomiješajte jaja, bademe, komadiće čokolade, datulje, marelice, kokos i preostalih ½ šalice smeđeg šećera. Nježno, ali temeljito promiješajte.
e) Prelijte smjesom maslaca. Ravnomjerno rasporediti. Pecite 30-35 minuta i ohladite prije rezanja na štanglice.

3. Orange Cup Gingerbread

SASTOJCI:
- 7 naranči
- Vaša omiljena mješavina za medenjake

UPUTE:
a) Izdubite naranče s gornje strane pazeći da ne izrežete rupu u naranči (osim na vrhu).
b) Naranču do pola do vrha napunite tijestom za medenjake.
c) Zamotajte naranču u aluminijsku foliju labavo.
d) Stavite naranče obložene aluminijskom folijom u ugljen logorske vatre i ostavite da se kuhaju oko 12 minuta.
e) Testirajte ih da vidite jesu li medenjaci gotovi . Ako nije, stavite natrag u ugljen i kuhajte još nekoliko minuta.
f) Uživati!

4.Kampiranje Kruh Pizza Sendviči

SASTOJCI:
- Kruh
- Maslac
- 1 konzerva umaka za pizzu
- Feferoni, narezani
- 1 paket nasjeckanog sira za pizzu

UPUTE:
a) Odrežite dio folije dovoljno velik da zamotate svoj sendvič s pizzom. Postavite foliju bez sjaja prema gore.
b) Namažite jednu stranu kriške kruha i stavite je s maslacem prema dolje.
c) Umak za pizzu namažite na kruh. Dodajte feferone (ili što već).
d) Dodajte sir za pizzu. Premažite maslacem jednu stranu druge kriške kruha i stavite je stranom s maslacem prema gore na sendvič s pizzom.
e) Zamotajte svoj sendvič s pizzom u foliju i stavite na vrući ugljen 3-4 minute sa svake strane, ovisno o tome koliko vam je ugljen stvarno vruć.
f) Odmotajte i jedite.

5. Camp Snewered Cantaloupe

SASTOJCI:
- 1 dinja
- ½ šalice meda
- ¼ šalice maslaca
- ⅓ šalice nasjeckanih listova svježe metvice

UPUTE:
a) Zagrijte roštilj na srednjoj temperaturi.
b) Nanižite komade dinje na 4 ražnjića. U malom loncu zagrijte maslac ili margarin s medom dok se ne otopi. Umiješajte metvicu.
c) Premažite dinju mješavinom meda. Lagano nauljite rešetku.
d) Ražnjiće stavite na zagrijani roštilj. Kuhajte 4 do 6 minuta, okrećući da se ispeče sa svih strana.
e) Poslužite s preostalim umakom sa strane.

6. Chuckwagon ćevapi

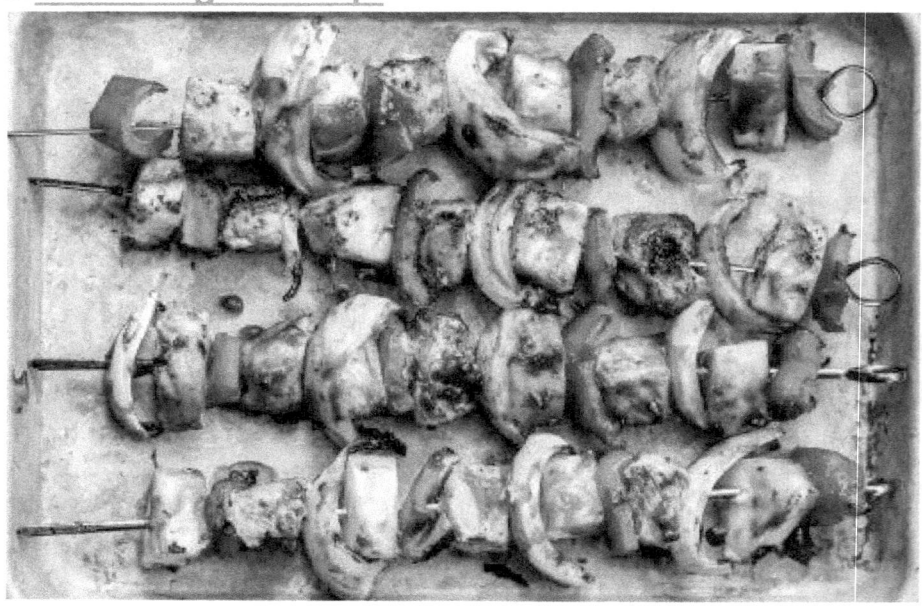

SASTOJCI:
- Hrenovke u paketu od 16 unci -- izrezane na trećine
- Paket od 16 unci dimljenih franaka -- izrezan na trećine
- Pakiranje od 30 unci smrznutih pomfrita

UPUTE:
a) Sve sastojke naizmjenično nanizati na ražnjiće; po želji labavo zamotajte u čvrstu foliju.

b) Pecite, bez poklopca, na srednjoj vatri (350-400 stupnjeva) 3-4 minute sa svake strane.

7.Kamp muffini s narančom

SASTOJCI:
- smjesa za muffine
- svježe bobice
- 6 cijelih pupčanih naranči

UPUTE:

a) Uzmite svoju omiljenu smjesu za muffine i dodajte malo svježeg bobičastog voća.

b) Prerežite naranče na pola i uklonite dijelove, ali ne bušite rupu u koži.

c) Smjesu za muffine ulijte u polovicu naranče i poklopite drugom polovicom. Zamotajte u foliju i kuhajte 10 do 12 minuta ili prema uputama za smjesu.

8. Francuski tost za kampiranje

SASTOJCI:
- 2 kilograma debelo narezane slanine
- Kruh od kiselog tijesta
- 4-6 jaja
- ekstrakt vanilije
- štapići cimeta
- javorov sirup

UPUTE:

a) Zapalite stvarno dobru vatru pomoću ugljena. U tavi od lijevanog željeza ispecite slaninu. Sačuvajte svu masnoću slanine u tavi.

b) Narežite kruh od kiselog tijesta na debele kriške debljine najmanje 1 inč.

c) U zdjelu umutite jaja, malo vode, puno ekstrakta prave vanilije i malo naribanog cimeta.

d) Kruh umočite u smjesu od jaja da se dobro natopi i stavite u vruću mast od slanine.

e) Kuhajte dok dobro ne postane smeđe i hrskavo.

f) Po vrhu prelijte pravi javorov sirup.

g) Najbolji je okus vani u šumi!

9. Kruh od đumbira i umak od jabuka

SASTOJCI:
- 1 kutija smjese za medenjake
- Staklenka od 24 unce umaka od jabuka

UPUTE:
a) Zapalite logorsku vatru od tvrdog drveta.
b) Ulijte umak od jabuka u podmazanu pećnicu od lijevanog željeza.
c) Zamijesiti tijesto za medenjake po uputama i preliti umakom od jabuka .
d) Stavite pećnicu s poklopcem na sloj ugljena i stavite lopatu punu vrućeg ugljena na poklopac. NEMOJTE stavljati pećnicu U veliki sloj ugljena, već samo na jedan sloj vrućeg ugljena.
e) Ako koristite ugljen, postavite pećnicu na sloj vrućeg ugljena i stavite otprilike isti broj na poklopac.
f) Nakon 20 minuta provjerite spremnost. Ne želite da zagori umak od jabuka, ali želite da se kruh od đumbira skuha. Koristite čačkalicu za testiranje. Poslužite vruće!

10. Camping Bl ue kukuruzne tortilje

SASTOJCI:
- 2 šalice plavog kukuruznog brašna
- 1 žlica maslinovog ulja
- 1 ½ šalice tople vode
- prstohvat krupne soli

UPUTE:
a) Pomiješajte plavo kukuruzno brašno s maslinovim uljem i toplom vodom s prstohvatom soli.
b) Razvaljajte brašno za tortilje u okrugle kuglice tijesta veličine teniske loptice i pritisnite ih između prozirnih vrećica proizvoda.
c) Pržite ih na vatri u željeznoj tavi.

11.Osnovni Bannock kruh

SASTOJCI:
- 1 šalica brašna (bijelog ili mješavine bijelog i integralnog)
- 1 žličica praška za pecivo
- ¼ žličice soli
- ¼ šalice suhog mlijeka u prahu
- 1 žlica masti

UPUTE:
a) Napravite mješavinu unaprijed kod kuće. Prosijte sve suhe sastojke, a zatim postupno urežite mast rezačem za tijesto ili dva noža dok ne dobijete zrnatu smjesu nalik kukuruznom brašnu.
b) Pakiranje u zip torbu za lakši transport. Možete napraviti velike količine odjednom i napraviti dovoljno Bannock mješavine za putovanje u kratkom roku. Obavezno dobro prosijte suhe sastojke kako ne biste imali problema s dizanjem.
c) Ključ pečenja je stalna toplina. Iako plamen ne ukazuje na lošu vatru za kuhanje, najbolje djeluju crvene vatre od tvrdog drva. Počnite s malom tavom od lijevanog željeza i dobro je nauljite.
d) Ulijte malo vode u vrećicu sa zatvaračem i promiješajte. Budući da voda i prašak za pecivo stvaraju ugljični dioksid kako bi kruh postao svijetli, što brže priđete s miješanja na tavu, vaš će Bannock biti svjetliji (iako će uvijek biti grudica).
e) Koliko ćete vode dodati ovisi o vlažnosti i osobnom ukusu. Ne želite da bude rjeđi od konzistencije muffina. Tijesto možete raspodijeliti trzajem prsta, štapićem ili žlicom ako je potrebno, ali mora ispasti prilično čvrsta gruda. Zapamtite, uvijek je lakše dodati vodu nego je izvaditi.
f) Istisnite smjesu iz vrećice i stavite je na zagrijanu tavu (ne smije biti vruća - ako se ulje dimi, prevruće je). Tava se može zagrijati na vatri ako imate rešetku ili nasloniti na nekoliko cjepanica u blizini izvora topline . Ne smije šištati ili cvrčati poput tijesta za palačinke, to znači da su stvari prevruće. Ohladite i budite strpljivi. Kruh će se početi polako dizati.
g) Vaš Bannock će početi izgledati poput štruce. U ovom trenutku poželjet ćete ga preokrenuti: laganim protresanjem tave i pokretom zgloba možete ga okrenuti, ali i lopatica je poštena igra. U ovom trenutku samo ga nastavite okretati. Znat ćeš kad bude gotovo.
h) Ako imate poklopac, možete pokušati ispeći svoju Bannock Dutch pećnicu i staviti ugljen na poklopac tave. U suprotnom, možete je preokrenuti kako biste ispekli gornji dio (pažljivo!) ili kad je dno gotovo , naslonite tavu na cjepanicu s vrhom okrenutim prema vatri.

12. Logorski kruh

SASTOJCI:
- 1 lb mješavine za kruh, bilo koje vrste
- Pakir za pečenje (aluminijska rešetka za dno posude)
- Vrećica za pećnicu od 1 galona
- Voda
- Lonac

UPUTE:
a) Stavite smjesu za kruh u vrećicu; dodajte vodu prema uputama i miješajte miješajući vrećicu.
b) Stavite vrećicu u lonac; pokrijte i stavite na sunce sat-dva.
c) Nakon što se kruh dignuo, nježno uklonite vrećicu.
d) Stavite posudu za pečenje na dno lonca i dodajte dovoljno vode u lonac da prekrije rešetku. Stavite vrećicu kruha natrag u lonac i poklopite.
e) Stavite lonac na izravnu vatru i kuhajte.
f) Kada vrijeme istekne, NE SKIDAJTE POKLOPAC. stavite još oko 20 minuta.
g) Uklonite poklopac; izvadite plastičnu vrećicu iz posude; otvorite vrećicu i ogulite kruh.
h) Narežite kruh na poklopac lonca.

13.Kamp Kukuruzni kruh

SASTOJCI:
- 1 šalica kukuruznog brašna
- 1 šalica brašna
- 2 žličice praška za pecivo
- ¾ žličice soli
- 1 šalica mlijeka
- ¼ šalice biljnog ulja

UPUTE:
a) Pomiješajte suhe sastojke. Umiješajte tekućine. Žlicom stavljajte u dobro namašćenu, zagrijanu tavu od lijevanog željeza od 10 ili 12 inča.
b) Čvrsto poklopiti.
c) Pecite na laganoj vatri 20 do 30 minuta, ili dok se sredina ne stegne.
d) Kada pečete na užarenom ugljenu, tavu stavite na nisku rešetku, na postolje od tri kamena u žeravici ili izravno na ugljen. Stavite ugljen na vrh poklopca kako bi se toplina ravnomjernije rasporedila.
e) Veća je vjerojatnost da će pečena hrana zagorjeti na dnu nego na vrhu. Kako biste spriječili gorenje, provjerite temperaturu ugljena prije nego što na njega stavite posudu.
f) Držite ruku oko šest inča iznad ugljena; trebalo bi biti vruće, ali trebali biste moći držati ruku na mjestu osam sekundi.

14. Krumpir pečen u slanini

SASTOJCI:
- 5 funti okruglog bijelog krumpira
- 1 funta tanko narezane slanine
- aluminijska folija

UPUTE:

a) Krompir operite u vodi, izbockajte vilicom. Zamotajte u jedan sloj slanine. Zamotajte u foliju, sjajnom stranom prema unutra.

b) Položite duž ugljena logorske vatre, često okrećući dugim kliještima.

c) Provjerite je li pečeno bockanjem vilicom, kada vilica lako sklizne u krumpir, maknite ga s vatre.

d) Poslužite s dodacima po izboru, a ostatke sačuvajte za podgrijavanje za doručak.

e) Ostatke možete izrezati i pomiješati s kajganom i sirom za brzi ukusni doručak.

15. Kamp krafne

SASTOJCI:
- Ulje za kuhanje
- Sve vrste keksa u tubi iz odjela mliječnih proizvoda
- Mješavina cimeta i šećera

UPUTE:
a) Na štednjaku zagrijte ulje da se keksi ispeku.
b) Probušite palcem rupu u keksima točno u sredini.
c) Kada je ulje spremno stavite krafne u ulje. Okrenite kad ste spremni.
d) Izvaditi iz ulja kad porumene . Odmah uvaljati u smjesu cimeta i šećera.

16. Majmunski kruh za logorsku vatru

SASTOJCI:
- 4 limenke keksa
- 1 šalica šećera
- 1 šalica smeđeg šećera
- 4 žlice cimet
- 1 štapić margarina

UPUTE:
a) Keks narežite na četvrtine.
b) Pomiješajte šećer i cimet u plastičnoj vrećici. Stavite kekse u vrećicu i dobro premažite. Stavite u Dutch pećnicu.
c) Otopiti margarin i preliti preko keksa; pospite smeđim šećerom.
d) Pecite na srednjem ugljenu 20 do 25 minuta.

17. Pivski kruh u nizozemskoj pećnici

SASTOJCI:
- 3 šalice samodizajućeg brašna
- 3 žlice šećera
- 1 žlica suhih ljuskica luka
- 12 unci piva, bez tamnih piva

UPUTE:
a) Pomiješajte sve suhe tvari. Ulijte pivo; promiješajte i stavite na radnu površinu. Samo malo premijesite da se oblikuje kugla tijesta.
b) Poravnajte ga i stavite u dobro podmazanu pećnicu.
c) Stavite Dutch Oven u ugljen (⅓ ugljena na dnu - ⅔ ugljena na vrhu) i pecite oko 15 do 25 minuta, provjerite nakon prvih 10 minuta.
d) Kad lijepo porumene na vrhu, izvadite i poslužite.

18. Topli sendviči uz logorsku vatru

SASTOJCI:
- Paketi malih kiflica za večeru ili 2 tuceta kajzer kiflica
- 1½ funte naribane delikatesne šunke
- ½ bloka naribanog sira Velveeta
- 7 tvrdo kuhanih jaja narezanih na kockice
- 3 žlice majoneze

UPUTE:
a) Sve sastojke sjediniti i puniti kiflice.
b) Svaki sendvič posebno zamotajte u foliju i zagrijavajte na logorskoj vatri oko 15 minuta.

19. Palačinke s kvascem za kampiranje

SASTOJCI:
- 3 šalice bijelog brašna (ili pomiješati bijelo i integralno)
- 3 šalice toplog mlijeka
- 4 žlice biljnog ulja
- 3 cijela jaja umutiti dok ne postanu pjenasti
- 1 žličica soli
- 1 žlica šećera
- 2 pakiranja suhog kvasca (brzorozadig)
- 2 žlice običnog jogurta

UPUTE:
a) U toplo mlijeko dodajte oba paketa suhog kvasca.
b) Kvasac potpuno otopiti žičanom metlicom.
c) Dodajte ovu smjesu u brašno u velikoj zdjeli za miješanje. Zatim dodajte jaja i promiješajte.
d) Dodajte ulje, sol, šećer i jogurt. Nakon sklapanja ovih
e) sastojaka, pokrijte zdjelu za miješanje vlažnim ručnikom i stavite je na toplo mjesto (ako imate plinsku pećnicu s kontrolnim svjetlom, ovo je savršeno mjesto, inače mjesto na suncu dobro funkcionira).
f) Ostavite smjesu da se diže (od 20 do 40 minuta) dok ne dobije vrlo laganu, pjenastu strukturu.
g) Zagrijte ringlu ili veliku tavu dok ne možete polivati kapljice vode i one poskakuju. Prilagodite vatru (ili temperaturu štednjaka) kako vam odgovara, ali pazite da vatra bude umjerena. Niža temperatura najbolje djeluje.

SLATKIŠI

20.Brod banana

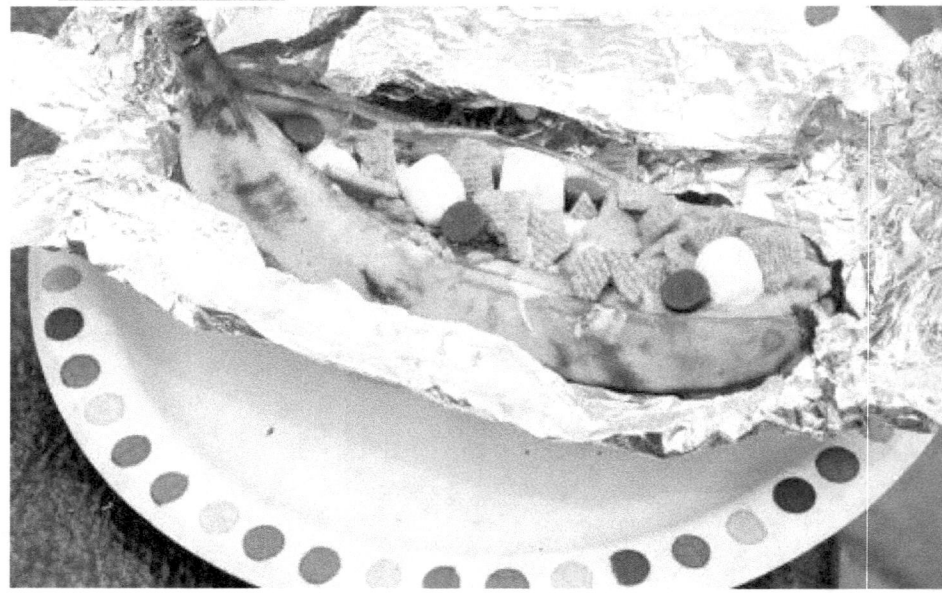

SASTOJCI:
- 1 zrela banana po osobi
- mini marshmallows
- Čokoladni čips
- maslac od kikirikija

UPUTE:
a) Povucite dio kore od banane širok jedan inč, ali nemojte ga odlomiti od banane (nož može pomoći da dobijete najbolji oblik komadića)
b) Žlicom izdubite malo pulpe banane. Po želji napunite sljezom, komadićima čokolade i maslacem od kikirikija
c) Položite izvučenu koru preko banane. Bananu zarolajte/zamotajte u foliju i stavite iznad ili blizu logorske vatre.
d) Pjevajte glupe pjesme ili pričajte sablasne priče (oko 10 minuta). Maknite s vatre, odmotajte i žlicom zagrabite ukusne komade gnjecave slatkoće.

21. Backcountry torta

SASTOJCI:
- 1 šalica Bisquicka
- ⅓ šalice vruće mješavine kakaa
- ⅓ šalice šećera
- 1 šalica vodenog meda

UPUTE:
a) Temeljito promiješajte sve krute tvari, zatim ih polako umiješajte u vodu.
b) Tijesto dodajte u neprianjajući ili namašćeni pleh (mi smo koristili malo maslinovog ulja).
c) Kuhajte na vatri ili štednjaku, ali vrlo pažljivo kontrolirajte temperaturu.
d) Kako dno ne bi zagorjelo, možete promijeniti visinu posude ili staviti posudu na lonac s kipućom vodom.
e) Ako imate ½ inča debelu količinu tijesta u tavi, trebalo bi oko 15 minuta da se temeljito ispeče.
f) Ako želite, ponovite da napravite više slojeva i složite ih zajedno s medom.

22.Kampiranje Orange Surprise

SASTOJCI:
- cijele naranče
- smjesa za kolače od medenjaka
- sastojci za izradu smjese
- jabuke
- grožđice
- mrkve
- jogurt od vanilije
- celer
- sitni marshmallows
- Majoneza

UPUTE:
a) Naranče prerežite na pola i izdubite unutrašnjost (kore sačuvajte).
b) Stavite pulpu u veliku zdjelu. Jabuke narežite na kriške, mrkvu na kockice, a celer na male komadiće. Dodajte grožđice i marshmallows.
c) Pomiješajte majonezu i jogurt u preljev za salatu.
d) U posebnu zdjelu dodajte smjesu za kolače i ostale sastojke.
e) Izdubljenu narančinu koru napunite ¾ smjesom za kolače.
f) Stavite narančaste školjke i smjesu za kolače na ravnomjeran ugljen iz vaše spaljene vatre ili ugljen. Možete pokriti labavo folijom.
g) Pecite do kraja (test čačkalicom). Sada imate zdravu salatu i kolač s okusom naranče za desert.

23. Postolar logorske vatre

SASTOJCI:
- 2 velike konzerve breskvi, jabuka ili trešanja smjesa za kolače od mrvica
- 1 jaje
- prskanje mlijeka

UPUTE:
a) U holandskoj pećnici ulijte dvije velike limenke voća u lonac.
b) Pomiješajte kutiju smjese za kolače od mrvica s jajetom i malo mlijeka.
c) Izlijte tijesto na vrh voća i narežite komadić maslaca te stavite kriške na vrh smjese.
d) Stavite poklopac na lonac i kuhajte s nekoliko lopatica vrućeg ugljena na vrhu poklopca oko 30-40 minuta dok kolač ne postane rahli i dok preljev od mrvica nije gotov.
e) Uklonite ugljen i uživajte. Najbolje je da se ohladi. Vruće voće peče usta vašeg prijatelja!

24. Slatke poslastice

SASTOJCI:
- ohlađeni keksi
- topljeni maslac
- cimet
- šećer, med ili pekmez

UPUTE:
a) Uzmite omiljenu vrstu keksa za hladnjak i malo ih spljoštite.
b) Namotajte ih na štapić i pecite dok ne porumene i budu gotovi iznutra.
c) Uvaljajte u otopljeni maslac ili margarin (može poslužiti sprej od maslaca) pa uvaljajte ili potresite u mješavinu cimeta i šećera.
d) Dobar je i maslac sa smeđim šećerom ili šećerom u prahu, a možete koristiti i med ili džem/žele.

25. Kolačići s maslacem od kikirikija

SASTOJCI:
- 1 šalica maslaca od kikirikija
- 1 šalica glatkog brašna
- 1 šalica smeđeg šećera
- ¼ šalice majoneze
- ¼ šalice meda

UPUTE:
a) Miješajte sastojke dok ne postignu glatku konzistenciju.
b) Pripremite vatru koristeći malo hrastovog drva koje se sporo kuha sa suhim potpalu dok ne izgori do ugljena koji izgleda kao crvena lava. Ravnomjerno rasporedite ugljen kako biste ispunili jamu s jedne na drugu stranu u skladu s veličinom posude za kuhanje koju ćete koristiti.
c) Posuda od lijevanog željeza ili teška čelična posuda odlično funkcionira i imajte na umu da što je tanja tava, to je temperatura pečenja viša. (Želite osigurati malu domaću pećnicu za pečenje, a ne za cvrčanje ili pečenje).
d) Postavite stalak iznad ugljena dopuštajući oko pet inča razlike između ugljena i rešetke.
e) Pobrašnite ruke i žlicom izvucite otprilike 1 žlicu tijesta u dlan i razvaljajte ga u oblik veličine novčića od pola dolara, debljine oko pola inča. Zatim ga stavite u tavu i pritisnite vrh vilicom dok dio tijesta ne prođe kroz zupce.
f) Tepsiju lijepo napuniti sa malim razmakom između kolačića.
g) Pokrijte posudu aluminijskom folijom, ali nemojte zalijepiti foliju za posudu. (To će omogućiti da proces kuhanja zadrži toplinu, ali ne i postavljanje parne kupelji).
h) Lagano začinite tavu jer maslac od kikirikija ima svoje ulje.
i) Stavite posudu na zagrijanu rešetku iznad vatre i ostavite najmanje 15 minuta da se kolačići ispeku s rašljastim vrhovima koji će poprimiti svijetlu ili tamnu zlatno-smeđu nijansu, prema vašem ukusu.

26. Smore-tacular Jabuke

SASTOJCI:
- jabuke
- čokoladica podijeljena na kvadrate
- veliki marshmallows

UPUTE:
a) Jabuke ostavite cijele, izvadite im sredicu kuglicom za dinju, ali ostavite dno čvrsto.
b) Bacite dva kvadrata Hersheya u rupu i začepite je velikim sljezom.
c) Zamotajte u foliju i pecite u ugljenu kao pečeni krumpir.

27.Camping Dump Cake

SASTOJCI:
- Maslac
- Konzerve od 16 unci nadjeva za voćnu pitu
- 1 kutija mješavine za kolače
- ½ šalice vode

UPUTE:
a) Premažite maslacem unutrašnjost i dno poklopca holandske pećnice.
b) Ulijte nadjev za pitu u holandsku pećnicu.
c) Dodajte smjesu za kolače. Ravnomjerno rasporediti.
d) Vrh premažite maslacem. Ulijte vodu na vrh.
e) Stavite poklopac na holandsku pećnicu. Stavite holandsku pećnicu u ugljen.
f) Nabacite malo ugljena na vrh poklopca.
g) Pecite palac otprilike 30-45 minuta.
h) Probajte kolač na pečenje.
i) Ako je potrebno, ponovno stavite na ugljen, provjeravajući svakih 10-15 minuta.

28. Slastice od trešnje

SASTOJCI:
- 1 kutija mješavine za fudge kolače
- 1 ½ šalice nasjeckanog kokosa
- 1 ½ šalice nasjeckanih, kandiranih višanja
- 2 žlice ulja s aromom trešnje
- 1 šalica nasjeckanih oraha, podijeljenih
- Šećer u prahu (za preljev)
- Skraćivanje, za podmazivanje

UPUTE:
a) Slijedite upute za miješanje brownieja na kutiji. Dodajte kokos, ¾ šalice oraha, aromatično ulje i višnje.
b) Dobro izblendajte! Ulijte tijesto u podmazanu pećnicu ili pokrivenu posudu za pečenje. Dodajte ugljen (5 na vrhu, 7 ispod).
c) Peći. Gotovo je kad nož izađe čist.
d) Pospite preostalim orasima i pospite šećerom u prahu.
e) Neka se ohladi. Izrežite na kvadrate.

29.Kava može sladoled

SASTOJCI:
- 1 pinta pola i pola
- ½ šalice šećera
- 1 jaje
- 1 žličica vanilije ili 2 žlice čokoladnog sirupa ili ¼ šalice jagoda

UPUTE:
a) Dodajte gore navedene sastojke u limenku kave od 1 funte . Stavite poklopac na limenku za kavu i pričvrstite ga ljepljivom trakom.
b) Stavite limenku kave od 1 funte u limenku kave od 3 funte.
c) Preslojte zdrobljenim ledom i kamenom soli i stavite poklopac na limenku za kavu od 3 funte .
d) Sada zabava počinje! Pronađite partnera. Sjednite na tlo i kotrljajte limenku kave naprijed-natrag, 3 do 4 stope jedna od druge.
e) Rolajte 8 do 10 minuta. Provjerite je li sladoled tvrd. Ako nije , vratite poklopac i dodajte još leda i kamene soli. Rolati još 8 minuta. Poslužite u zdjelicama dobre veličine.

30. Trail Brownies

SASTOJCI:
- ½ šalice graham krekera, zdrobljenih
- 1 žlica mlijeka u prahu
- 2 žlice nasjeckanih oraha
- 2 unce komadića čokolade

UPUTE:
a) Kod kuće: Spakirajte graham krekere i orahe u jednu vrećicu. U posebnoj vrećici pomiješajte mlijeko i čips.
b) U kampu: dodajte 2 žlice kipuće vode u smjesu mlijeka/čipsa i miješajte dok se ne rastopi.
c) Brzo umiješajte smjesu krekera/orašastih plodova i ostavite da se ohladi .

31.Logorska vatra Jabuke s cimetom

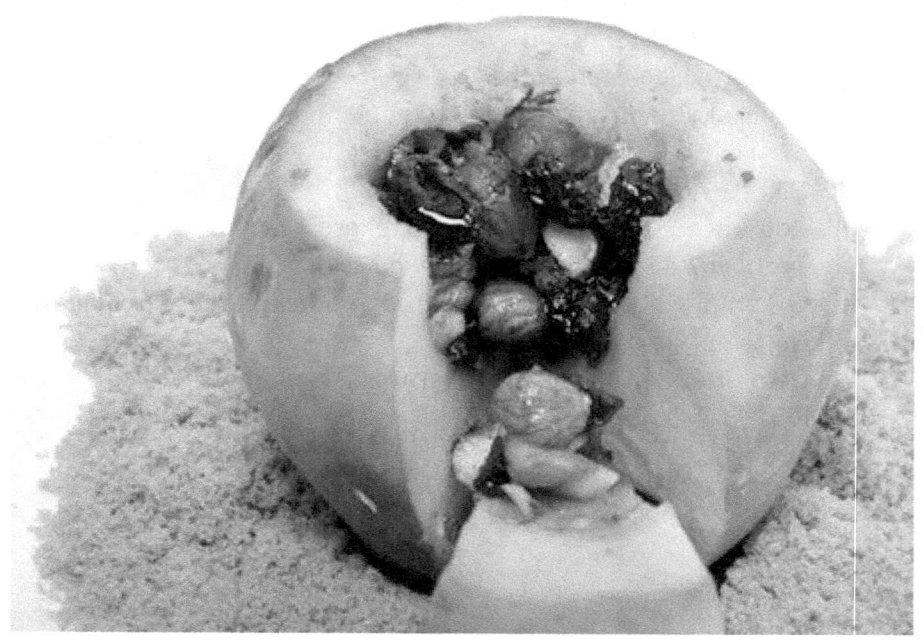

SASTOJCI:
- Jabuke
- Bomboni s cimetom/Red Hots
- Aluminijska folija

UPUTE:
a) Oštrim nožem ili vadilom za jabuke izvadite jezgru svakoj jabuci pazeći da ne prođe do kraja.
b) Svaku jabuku napunite bombonama s cimetom i zamotajte u foliju.
c) Stavite na užaren ugljen i zagrijavajte dok se bomboni ne otope, a jabuke prilično omekšaju.
d) Često uključite ugljen kako biste osigurali ravnomjerno zagrijavanje. Ako volite više bombona u sredini, izrežite veći dio jabuke i uživajte u izrezanom dijelu dok čekate da se skuha
e) Vrlo su vruće i treba ih otvoriti na vrhu i ostaviti da odstoje oko 10 minuta nakon uklanjanja s ugljena prije nego što ih pokušate pojesti.

32.Kolač od kave uz logorsku vatru i cimet

SASTOJCI:
- 1 žlica maslaca ili margarina
- 1 šalica zapakirane mješavine keksa (Bisquick , itd.)
- ⅓ šalice evaporiranog mlijeka, nerazrijeđeno
- 1 žlica pripremljenog cimet-šećera

UPUTE:
a) Napravite kolač od kave: Narežite maslac na sitne komadiće preko smjese za biskvit u srednjoj zdjeli. Lagano promiješajte vilicom dok se maslac ne prekrije .
b) Napravite udubinu u sredini.
c) Ulijte mlijeko i cimet-šećer, miješajući vilicom dok smjesa ne postane vlažna .
d) Okrenite tijesto u lagano namazanu i pobrašnjenu sjajnu, tešku tavu od 8 inča.
e) Pobrašnjenim rukama ravnomjerno utapkajte u tavu.
f) Kuhajte, poklopljeno, na vrlo laganoj vatri, 12 do 15 minuta, ili dok tester za kolače ili drveni pijuk umetnut u sredinu ne izađe čist.

ZA PRELJEV:
g) Kolač premažite s 2 žlice maslaca ili margarina.
h) Zatim pospite 1 žličicu pripremljenog cimet-šećera preko svega.
i) Izrežite na četvrtine, poslužite toplo.

33. Fondue na logorskoj vatri

SASTOJCI:
- 2 šalice nasjeckanog Cheddara ILI švicarskog sira
- 2 žlice višenamjenskog brašna
- ¼ žličice paprike
- 1 limenka krem juhe od celera
- ½ šalice piva ili bijelog vina ili vode

UPUTE:
a) Pomiješajte juhu i pivo. Zagrijte u kuhalu na laganoj vatri.
b) Pomiješajte sir, brašno i papriku.
c) Dodajte u kuhalo, miješajte dok se sir potpuno ne otopi .
d) Poslužite s kockicama francuskog kruha .

PIĆA

34. Logorska vatra Vrući kakao

SASTOJCI:
- 8 litara mlijeka u prahu
- 16 unci Nestle Quick
- 1 šalica šećera u prahu

UPUTE:
a) Pomiješajte sve sastojke, čuvajte u zatvorenoj posudi.
b) Za pripremu vrućeg kakaa: dodajte 5 žličica mješavine u 8 unci vruće vode.

35. Cowboy kava za kampiranje

SASTOJCI:
- 1 žlica grubo mljevene kave
- Šalica od 8 unci

POSEBNA OPREMA:
- mali, čisti štapić ili šalica s kamenčićima pogodna za čistu maramicu za topli napitak

UPUTE:
a) Stavite vodu u lonac i zakuhajte. Brže će prokuhati s poklopcem.
b) Kad voda proključa, dodajte žlicu grubo mljevene kave po šalici. Dodajte manje ako volite slabu kavu, više ako volite jaku.
c) Pustite da voda kuha dvije-tri minute, a zatim maknite posudu za kavu s vatre. Primijetite da dio taloga kave pluta na površini, dok je drugi potonuo na dno posude.
d) Uzmite štapić ili kamenčić i bacite ga u posudu za kavu.
e) To će prekinuti površinsku napetost i omogućiti plutajućem tlu da potone.
f) Nakon što se talog slegne na dno, ulijte kavu u šalicu. Ako ste stvarno zabrinuti da vam talog kave ne uđe u zube, upotrijebite maramicu da prolijete kavu.
g) Međutim, pažljivo točenje može smanjiti količinu taloga koji završi u vašoj šalici, kao i pažljivo pijuckanje.

36.Belgijski Hot Toddy

SASTOJCI:
- 1 šalica vruće vode
- 2 unce belgijskog viskija ili genevera
- 1 žlica meda
- 1 kriška limuna
- klinčići (po želji)

UPUTE:
a) U šalici pomiješajte vruću vodu, belgijski viski ili genever i med.
b) U smjesu dodajte krišku limuna.
c) Po želji krišku limuna nabodite klinčićima.
d) Dobro promiješajte i ostavite da odstoji nekoliko minuta prije posluživanja.

37. Chai Hot Toddy

SASTOJCI:
- 3 šalice vode
- 1 štapić cimeta
- 6 cijelih klinčića
- 6 mahuna kardamoma, malo zdrobljenih
- 2 vrećice čaja
- ¼ šalice začinjenog ruma ili burbona
- 2 žlice meda
- 1 žlica svježe iscijeđenog soka od limuna ili 2 kriške limuna

UPUTE:
a) U srednje velikoj tavi pomiješajte vodu, štapiće cimeta, klinčiće i malo zdrobljene mahune kardamoma. Ako imate infuzer za čaj, možete staviti začine u njega kako biste izbjegli kasnije cijeđenje. Pustite smjesu da zakuha.

b) Maknite lonac s vatre i dodajte vrećice chai čaja. Pokrijte ih i ostavite da se kuhaju 15 minuta. Nakon toga procijedite smjesu kroz fino sito kako biste uklonili vrećice čaja i začine.

c) Vratite začinjeni čaj u tavu i zagrijte dok se ne zagrije.

d) Umiješajte začinjeni rum (ili burbon), med i sok od limuna ako želite. Dobro promiješajte.

e) Vrući toddy podijelite u dvije zagrijane šalice i odmah poslužite. Alternativno, poslužite svaku šalicu s kriškom limuna za cijeđenje soka po ukusu. Uživati!

38.Peach Hot Toddy

SASTOJCI:
- 40 oz (1 boca) soka od breskve
- 1/4 šalice smeđeg šećera (pakirano)
- 2 štapića cimeta
- 2 žlice maslaca/margarina
- 1/2 šalice rakije od breskve (po želji)
- Dodatni štapići cimeta kao ukras.

UPUTE:
a) Pomiješajte sok, smeđi šećer, štapiće cimeta i maslac/margarin u pećnici ili poklopljenoj tavi i zagrijte do vrenja.
b) Maknite s vatre i bacite štapiće cimeta, dodajte rakiju, (po želji) ukrasite kriškom breskve i štapićem cimeta te poslužite.

39.Hot Toddy eliksir od bazge

SASTOJCI:
- 2 šalice irskog viskija
- ½ šalice suhih bobica bazge
- Svježi đumbir od 2 inča, tanko narezan
- Štapić cimeta od 1 do 3 inča, slomljen
- 6 do 8 cijelih klinčića
- ½ šalice meda

UPUTE:
a) Pomiješajte viski, bobice bazge, đumbir, cimet i klinčiće u srednje velikoj tavi.
b) Kuhajte 1 sat na laganoj vatri uz povremeno miješanje. Nemojte kuhati.
c) Maknite s vatre nakon 1 sata. Pokrijte i ostavite da odstoji 1 sat.
d) Dok je smjesa viskija još topla, ulijte je kroz fino cjedilo u staklenku. Odbacite začinsko bilje i začine.
e) Očistite lonac i vratite viski u tavu.
f) Dodajte med u topli viski i lagano miješajte dok se dobro ne sjedini.
g) Kad se potpuno ohladi, pretočite u staklenku ili lijepu bocu od likera i čuvajte u smočnici na sobnoj temperaturi.

40. Heather Honey Hot Toddy

SASTOJCI:
- 2 oz škotskog viskija
- 1 žlica meda od vrijeska
- Vruća voda
- kriška limuna
- klinčići (po želji)

UPUTE:
a) U šalicu izmjerite 2 unce željenog škotskog viskija.
b) Dodajte žlicu meda od vrijeska u šalicu.
c) Iscijedite krišku limuna u šalicu. Po želji, možete zabosti nekoliko klinčića u krišku limuna za dodatni okus.
d) Ulijte vruću vodu u šalicu, puneći je do željene jačine.
e) promiješajte smjesu, pazeći da se med potpuno otopi.
f) Ostavite napitak da odstoji minutu ili dvije kako bi se okusi stopili.
g) Kušajte i prilagodite slatkoću ili kiselost dodavanjem još meda ili limuna ako je potrebno.
h) Uklonite krišku limuna i klinčiće.

41. Kuhano vino od ružmarina i crni čaj

SASTOJCI:
- 1 Bottle claret; ILI... drugo crno vino punog okusa
- 1 litra Crni čaj pref. Assam ili Darjeeling
- ¼ šalice Blagi med
- ⅓ šalice Šećer; ili po ukusu
- 2 Naranče narezati na tanke ploške i očistiti ih od sjemenki
- 2 Štapići cimeta (3 inča)
- 6 Cijeli klinčić
- 3 Grančice ružmarina

UPUTE:
a) Miris ovog napitka je primamljiv, a punč se može držati toplim na vrlo laganoj vatri nekoliko sati, zbog čega kuća prekrasno miriše. Ako vam ostane, izvadite naranče i ružmarin, pustite da se punč ohladi na sobnoj temperaturi, a zatim ohladite. Lagano podgrijan sa svježim narančama i ružmarinom, punč će biti malo jači, ali još uvijek prilično ugodan.

b) Ulijte vino i čaj u nehrđajuću posudu za umake. Dodajte med, šećer, naranče, začine i ružmarin. Zagrijte na laganoj vatri dok se ne zapari. Miješajte dok se med ne otopi.

c) Maknite posudu s vatre, poklopite i ostavite da odstoji najmanje 30 minuta. Kad je spremno za posluživanje, zagrijte ga dok ne prokuha i poslužite vruće.

42.Kuhano pivo sa začinima i rakijom

SASTOJCI
- 18 unci božićnog piva
- 2½ žlice tamno smeđeg šećera
- 4-6 klinčića po ukusu
- 2 zvjezdice anis
- 1 štapić cimeta
- ½ žličice mljevenog muškatnog oraščića
- 6 komada narančine kore
- 3 unce rakije

UPUTE

a) U tavi ili malom loncu pomiješajte pivo (jedna i pol boca, ukupno 18 unci) sa smeđim šećerom i muškatnim oraščićem, dodajte klinčiće, zvjezdasti anis, štapić cimeta i koricu naranče.
b) Pustite da lagano kuha (ne dopustite da zakipi), miješajte da se šećer otopi i ostavite da kuha 2-3 minute da se dobro prože začinima.
c) Maknite s vatre i dodajte rakiju.
d) Poslužite u šalicama, ukrašeno kriškom naranče, i uživajte odgovorno.

43. Topla čokolada začinjena kardamomom i ružom

SASTOJCI:
- 2 šalice mlijeka (mliječnog ili alternativnog mlijeka)
- 2 žlice kakaa u prahu
- 2 žlice šećera (po želji)
- ½ žličice mljevenog kardamoma
- ¼ žličice ružine vodice
- Prstohvat mljevenog cimeta
- Šlag i suhe latice ruže za ukras
- Marshmallows, za preljev

UPUTE:
a) U loncu zagrijte mlijeko na srednje jakoj vatri dok ne postane vruće, ali ne zavrije.
b) U maloj posudi pomiješajte kakao prah, šećer, kardamom, ružinu vodicu i cimet.
c) Postupno umiješajte smjesu kakaa u vruće mlijeko dok se ne sjedini i postane glatka.
d) Nastavite zagrijavati smjesu dok ne postigne željenu temperaturu, povremeno miješajući.
e) Začinjenu toplu čokoladu ulijte u šalice i ukrasite šlagom, marshmallow listićima i suhim laticama ruže. Poslužite i uživajte!

44. Začinjena topla čokolada nadahnuta Meksikom

SASTOJCI:
- 2 šalice mlijeka (mliječnog ili alternativnog mlijeka)
- 2 unce tamne čokolade, sitno nasjeckane
- 2 žlice kakaa u prahu
- 2 žlice šećera (po želji)
- ½ žličice mljevenog cimeta
- ¼ žličice mljevenog muškatnog oraščića
- Prstohvat kajenskog papra (po želji)
- Šlag i kakao prah za ukrašavanje

UPUTE:
a) U loncu zagrijte mlijeko na srednje jakoj vatri dok ne postane vruće, ali ne zavrije.
b) U mlijeko dodajte nasjeckanu tamnu čokoladu, kakao prah, šećer, cimet, muškatni oraščić i kajenski papar (ako ga koristite).
c) Neprestano miješajte dok se čokolada ne otopi, a smjesa postane glatka i dobro sjedinjena.
d) Začinjenu vruću čokoladu nastavite zagrijavati uz povremeno miješanje dok ne postigne željenu temperaturu.
e) Ulijte u šalice, na vrh stavite šlag i pospite kakaom u prahu. Poslužite i uživajte!

45.Topla čokolada začinjena medenjacima

SASTOJCI:
- 2 šalice mlijeka (mliječnog ili alternativnog mlijeka)
- 2 žlice kakaa u prahu
- 2 žlice smeđeg šećera
- ½ žličice mljevenog đumbira
- ½ žličice mljevenog cimeta
- ¼ žličice mljevenog muškatnog oraščića
- Prstohvat mljevenog klinčića
- Šlag i mrvice od medenjaka za ukrašavanje

UPUTE:
a) U loncu zagrijte mlijeko na srednje jakoj vatri dok ne postane vruće, ali ne zavrije.
b) U maloj posudi pomiješajte kakao prah, smeđi šećer, đumbir, cimet, muškatni oraščić i klinčiće.
c) Postupno umiješajte smjesu kakaa u vruće mlijeko dok se ne sjedini i postane glatka.
d) Začinjenu vruću čokoladu nastavite zagrijavati uz povremeno miješanje dok ne postigne željenu temperaturu.
e) Ulijte u šalice, prelijte šlagom i po vrhu pospite mrvicama keksa od đumbira. Poslužite i uživajte!

46. Chai začinjena topla čokolada

SASTOJCI:
- 2 šalice mlijeka (mliječnog ili alternativnog mlijeka)
- 2 žlice kakaa u prahu
- 2 žlice šećera (po želji)
- 1 žličica listova chai čaja (ili 1 vrećica chai čaja)
- ½ žličice mljevenog cimeta
- ¼ žličice mljevenog kardamoma
- Prstohvat mljevenog đumbira
- Šlag i malo cimeta za ukras

UPUTE:
a) U loncu zagrijte mlijeko na srednje jakoj vatri dok ne postane vruće, ali ne zavrije.
b) Dodajte listove chai čaja (ili vrećicu čaja) u mlijeko i ostavite da se kuha 5 minuta. Uklonite listiće čaja ili vrećicu čaja.
c) U maloj posudi pomiješajte kakao prah, šećer, cimet, kardamom i đumbir.
d) Postupno umiješajte smjesu kakaa u vruće mlijeko dok se ne sjedini i postane glatka.
e) Začinjenu vruću čokoladu nastavite zagrijavati uz povremeno miješanje dok ne postigne željenu temperaturu.
f) Ulijte u šalice, prelijte šlagom i pospite cimetom. Poslužite i uživajte!

47.Peta topla čokolada

SASTOJCI:
- ½ šalice nezaslađenog kakaa u prahu
- ½ šalice šećera
- 1 crtica soli
- ½ šalice vode
- 6 šalica vanilije sojinog mlijeka
- šlag od tofua
- štapići cimeta

UPUTE:
a) U tavi od 2 litre pomiješajte kakao, šećer i sol dok se dobro ne izmiješaju.
b) Dodajte vodu i miješajte dok ne postane glatko. Smjesu kuhajte na srednjoj vatri dok ne zavrije uz stalno miješanje žlicom ili žičanom pjenjačom.
c) Smanjite vatru i kuhajte 2 min, neprestano miješajući.
d) Umiješajte sojino mlijeko i zagrijavajte dok se oko ruba ne stvore sitni mjehurići, neprestano miješajući. Maknite posudu s vatre. Tucite žičanom pjenjačom ili električnim mikserom dok ne postane glatko i pjenasto, a zatim ulijte u šalice od 8 unci.
e) Prelijte tučenim tofuom i ukrasite štapićima cimeta.

48. Vruća čokolada Red Velvet

SASTOJCI:
- 14 unci zaslađenog kondenziranog mlijeka
- 1 šalica gustog vrhnja
- 6 šalica punomasnog mlijeka
- 1 šalica poluslatkih komadića čokolade
- 1 žlica ekstrakta vanilije
- 1 žlica krem sira
- 4 kapi crvenog prehrambenog gela

UPUTE:
a) Dodajte zaslađeno kondenzirano mlijeko, komadiće čokolade, vrhnje, mlijeko i ekstrakt vanilije u sporo kuhalo i kuhajte na laganoj vatri 3 sata, miješajući svaki sat. Čokolada i mlijeko u sporom kuhalu
b) Nakon što se čokolada otopi, umiješajte krem sir i crvenu prehrambenu boju.
c) Po želji nastavite kuhati ili smanjite vatru da se zagrije i poslužite. Čokolada u laganom kuhalu
d) Ako je smjesa pregusta za vaše želje, možete je razrijediti s još mlijeka ili vode. Vruća čokolada od crvenog baršuna u prozirnoj šalici.

49. Vruća čokolada sa sirom

SASTOJCI:
- 2 šalice mlijeka
- ½ šalice gustog vrhnja
- 1 šalica ribanog američkog sira
- 2 žlice kakaa u prahu
- 2 žlice šećera
- 1 žličica ekstrakta vanilije

UPUTE:
a) U loncu zagrijte mlijeko i vrhnje na srednje jakoj vatri.
b) Dodajte naribani američki sir i miješajte dok se ne otopi i sjedini.
c) Dodajte kakao prah, šećer i ekstrakt vanilije i miješajte dok se dobro ne sjedini.
d) Poslužite vruće.

50. Topla čokolada s kozjim sirom i medom

SASTOJCI:
- 2 šalice mlijeka (mliječnog ili alternativnog mlijeka)
- 2 žlice kakaa u prahu
- 2 žlice meda (prilagodite ukusu)
- ¼ šalice kozjeg sira, izmrvljenog
- Prstohvat soli
- Šlag i malo meda za ukras

UPUTE:
a) U loncu zagrijte mlijeko na srednje jakoj vatri dok ne postane vruće, ali ne zavrije.
b) U maloj posudi pomiješajte kakao prah, med i sol.
c) Postupno umiješajte smjesu kakaa u vruće mlijeko dok se ne sjedini i postane glatka.
d) U vruću čokoladu dodati izmrvljeni kozji sir i miješati dok se ne rastopi i uklopi u smjesu.
e) Nastavite zagrijavati vruću čokoladu sa sirom, povremeno miješajući, dok ne postigne željenu temperaturu.
f) Ulijte u šalice, prelijte šlagom i pokapajte medom. Poslužite i uživajte!

51. Plavi sir Vruća čokolada

SASTOJCI:
- 2 šalice mlijeka (mliječnog ili alternativnog mlijeka)
- 2 žlice kakaa u prahu
- 2 žlice šećera (po želji)
- ¼ šalice plavog sira, izmrvljenog
- Prstohvat soli
- Šlag i posip izmrvljenog plavog sira za ukras

UPUTE:
a) U loncu zagrijte mlijeko na srednje jakoj vatri dok ne postane vruće, ali ne zavrije.
b) U maloj posudi pomiješajte kakao prah, šećer i sol.
c) Postupno umiješajte smjesu kakaa u vruće mlijeko dok se ne sjedini i postane glatka.
d) U vruću čokoladu dodati izmrvljeni plavi sir i miješati dok se ne rastopi i uklopi u smjesu.
e) Nastavite zagrijavati vruću čokoladu sa sirom, povremeno miješajući, dok ne postigne željenu temperaturu.
f) Ulijte u šalice, prelijte šlagom i pospite izmrvljenim plavim sirom. Poslužite i uživajte!

52. Topla čokolada s parmezanom i morskom soli

SASTOJCI:
- 2 šalice mlijeka (mliječnog ili alternativnog mlijeka)
- 2 žlice kakaa u prahu
- 2 žlice šećera (po želji)
- ¼ šalice ribanog parmezana
- Prstohvat morske soli
- Šlag i pospite ribanim parmezanom za ukras

UPUTE:
a) U loncu zagrijte mlijeko na srednje jakoj vatri dok ne postane vruće, ali ne zavrije.
b) U maloj posudi pomiješajte kakao prah, šećer i morsku sol.
c) Postupno umiješajte smjesu kakaa u vruće mlijeko dok se ne sjedini i postane glatka.
d) U vruću čokoladu dodati naribani parmezan i miješati dok se ne otopi i uklopi u smjesu.
e) Nastavite zagrijavati vruću čokoladu sa sirom, povremeno miješajući, dok ne postigne željenu temperaturu.
f) Ulijte u šalice, prelijte šlagom i pospite naribanim parmezanom. Poslužite i uživajte!

53. Pepper Jack i Cayenne vruća čokolada

SASTOJCI:
- 2 šalice mlijeka (mliječnog ili alternativnog mlijeka)
- 2 žlice kakaa u prahu
- 2 žlice šećera (po želji)
- ¼ šalice ribanog sira s paprikom
- ¼ žličice kajenskog papra (prilagodite želji začina)
- Šlag i malo kajenskog papra za ukras

UPUTE:
a) U loncu zagrijte mlijeko na srednje jakoj vatri dok ne postane vruće, ali ne zavrije.
b) U maloj zdjeli pomiješajte kakao prah, šećer i kajenski papar.
c) Postupno umiješajte smjesu kakaa u vruće mlijeko dok se ne sjedini i postane glatka.
d) Vrućoj čokoladi dodajte naribani sir od paprike i miješajte dok se ne otopi i uklopi u smjesu.
e) Nastavite zagrijavati vruću čokoladu sa sirom, povremeno miješajući, dok ne postigne željenu temperaturu.
f) Ulijte u šalice, prelijte šlagom i pospite kajenskim paprom. Poslužite i uživajte!

54.T oblerone vruća čokolada

SASTOJCI:
- 3 trokutaste šipke Toblerone
- ⅓ šalice slatkog vrhnja
- 1 Habaneros, sitno mljeveni

UPUTE

a) Na laganoj vatri zagrijte vrhnje i otopite čokoladu.
b) Često miješajte kako biste izbjegli "vruće točke".
c) Količinu kreme mijenjati ovisno o željenoj gustoći kada se ohladi.
d) Nakon što su vrhnje i čokolada dobro izmiješani, umiješajte habaneros.
e) Pustite da se ohladi i poslužite s dijelovima jabuke ili kruške.

55.Cheesy Hot Toddy

SASTOJCI:
- 1 šalica vruće vode
- ½ unce limunovog soka
- 1 žlica meda
- 1 štapić cimeta
- 1 unca ribanog američkog sira

UPUTE:
a) U šalici pomiješajte vruću vodu, limunov sok, med i štapić cimeta. Promiješajte da se sjedini.
b) Dodajte naribani američki sir i miješajte dok se ne otopi i sjedini.
c) Izvadite štapić cimeta i poslužite.

56. Topla čokolada s kokosom

SASTOJCI:
- 2 šalice kokosovog mlijeka
- 2 žlice nezaslađenog kakaa u prahu
- 2 žlice granuliranog šećera
- ½ žličice ekstrakta vanilije
- Šlag (po želji)
- Naribani kokos za ukras (po želji)

UPUTE:
a) U loncu pomiješajte kokosovo mlijeko, kakao prah, šećer i ekstrakt vanilije.
b) Stavite lonac na srednju vatru i miješajte dok smjesa ne postane vruća i počne kuhati na pari (ali ne vrije).
c) Maknite s vatre i ulijte vruću čokoladu u šalice.
d) Prelijte šlagom i po želji ukrasite naribanim kokosom.

57.Ferrero Rocher topla čokolada

SASTOJCI:
- 2 šalice mlijeka
- ¼ šalice gustog vrhnja
- 4 Ferrero Rocher čokolade, sitno nasjeckane
- Šlag (po želji, za preljev)
- Kakao prah (po želji, za posipanje)

UPUTE:
a) U malom loncu zagrijte mlijeko i vrhnje na srednje jakoj vatri dok ne zagriju, ali ne proključaju.
b) Dodajte nasjeckane Ferrero Rocher čokolade u lonac i miješajte dok se ne otope i dobro sjedine.
c) Ulijte vruću čokoladu u šalice.
d) Po želji prelijte šlagom i pospite kakaom u prahu.
e) Poslužite vruće i uživajte u bogatoj i ukusnoj Ferrero Rocher vrućoj čokoladi.

58.Honeycomb Candy Topla čokolada

SASTOJCI:
- 2 šalice mlijeka (mliječnog ili biljnog)
- 2 žlice kakaa u prahu
- 2 žlice šećera
- ¼ šalice bombona u obliku saća, zgnječenog
- Šlag i strugotine čokolade za preljev (po želji)

UPUTE:
a) U loncu zagrijte mlijeko na srednje jakoj vatri dok ne postane vruće, ali ne zavrije.
b) Umiješajte kakao prah i šećer dok se dobro ne sjedine i postanu glatki.
c) U vruću čokoladnu smjesu dodajte zdrobljene bombone sa saćem.
d) Nastavi zagrijavati i mjesati dok se bombon sa sacem ne otopi .
e) Ulijte vruću čokoladu u šalice.
f) Po želji prelijte šlagom i komadićima čokolade.
g) Uživajte u ovoj bogatoj i dekadentnoj toploj čokoladi od bombona u obliku saća tijekom prohladnog dana.

59. Javorova topla čokolada

SASTOJCI:

- ¼ šalice šećera
- 1 žlica kakaa za pečenje
- ⅛ žličice soli
- ¼ šalice tople vode
- 1 žlica maslaca
- 4 šalice mlijeka
- 1 žličica arome javora
- 1 žličica ekstrakta vanilije
- 12 marshmallowa, podijeljenih

UPUTE:

a) Pomiješajte šećer, kakao i sol u velikom loncu. Umiješajte vruću vodu i maslac; pustite da zavrije na srednjoj vatri.
b) Dodajte mlijeko, aromu javora, vaniliju i 8 komada marshmallowa.
c) Zagrijte, povremeno miješajući, dok se marshmallows ne otopi .
d) Ulijte u 4 šalice; vrh s preostalim marshmallows.

60.Rose Hot Chocolate

SASTOJCI:
- 2 šalice mlijeka (mliječnog ili alternativnog mlijeka)
- 2 žlice kakaa u prahu
- 2 žlice šećera (po želji)
- 1 žličica ružine vodice
- Šlag i suhe latice ruže za ukras

UPUTE:
a) U loncu zagrijte mlijeko na srednje jakoj vatri dok ne postane vruće, ali ne zavrije.
b) U maloj zdjeli pjenasto pomiješajte kakao prah i šećer.
c) Umiješajte ružinu vodicu dok se dobro ne sjedini.
d) Postupno umiješajte smjesu kakaa u vruće mlijeko dok ne bude glatka i dobro izmiješana.
e) Rose toplu čokoladu nastavite zagrijavati uz povremeno miješanje dok ne postigne željenu temperaturu.
f) Ulijte u šalice, prelijte šlagom i ukrasite suhim laticama ruže. Poslužite i uživajte!

61. Vruća čokolada s cvijetom naranče

SASTOJCI:
- 2 šalice mlijeka (mliječnog ili alternativnog mlijeka)
- 2 žlice kakaa u prahu
- 2 žlice šećera (po želji)
- 1 žličica vode od narančinog cvijeta
- Šlag i narančina korica za ukras

UPUTE:
a) U loncu zagrijte mlijeko na srednje jakoj vatri dok ne postane vruće, ali ne zavrije.
b) U maloj zdjeli pjenasto pomiješajte kakao prah i šećer.
c) Umiješajte vodu narančinog cvijeta dok se dobro ne sjedini.
d) Postupno umiješajte smjesu kakaa u vruće mlijeko dok ne bude glatka i dobro izmiješana.
e) Nastavite zagrijavati vruću čokoladu s cvijetom naranče, povremeno miješajući, dok ne postigne željenu temperaturu.
f) Ulijte u šalice, prelijte šlagom i ukrasite koricom naranče. Poslužite i uživajte!

62. Topla čokolada s cvijetom bazge

SASTOJCI:
- 2 šalice mlijeka (mliječnog ili alternativnog mlijeka)
- 2 žlice kakaa u prahu
- 2 žlice šećera (po želji)
- 1 žlica sirupa od bazge
- Šlag i jestivo cvijeće za ukras

UPUTE:
a) U loncu zagrijte mlijeko na srednje jakoj vatri dok ne postane vruće, ali ne zavrije.
b) U maloj zdjeli pjenasto pomiješajte kakao prah i šećer.
c) Umiješajte sirup od bazge dok se dobro ne sjedini.
d) Postupno umiješajte smjesu kakaa u vruće mlijeko dok ne bude glatka i dobro izmiješana.
e) Vruću čokoladu od bazge nastavite zagrijavati uz povremeno miješanje dok ne postigne željenu temperaturu.
f) Ulijte u šalice, prelijte šlagom i ukrasite jestivim cvijećem. Poslužite i uživajte!

63. Hibiskus vruća čokolada

SASTOJCI:
- 2 šalice mlijeka (mliječnog ili alternativnog mlijeka)
- 2 žlice kakaa u prahu
- 2 žlice šećera (po želji)
- 1 žlica suhih cvjetova hibiskusa
- Šlag i posip latica hibiskusa za ukras

UPUTE:
a) U loncu zagrijte mlijeko na srednje jakoj vatri dok ne postane vruće, ali ne zavrije.
b) U maloj zdjeli pjenasto pomiješajte kakao prah i šećer.
c) Dodajte osušene cvjetove hibiskusa u vruće mlijeko i ostavite da se kuha 5 minuta. Uklonite cvjetove hibiskusa.
d) Postupno umiješajte smjesu kakaa u vruće mlijeko dok se ne sjedini i postane glatka.
e) Vruću čokoladu hibiskusa nastavite zagrijavati uz povremeno miješanje dok ne postigne željenu temperaturu.
f) Ulijte u šalice, prelijte šlagom i pospite laticama hibiskusa. Poslužite i uživajte!

64. Topla čokolada s lavandom

SASTOJCI:
- 2 šalice mlijeka (mliječnog ili alternativnog mlijeka)
- 2 žlice kakaa u prahu
- 2 žlice šećera (po želji)
- 1 žličica suhih cvjetova lavande
- ½ žličice ekstrakta vanilije
- Šlag i latice lavande za ukras

UPUTE:
a) U loncu zagrijte mlijeko na srednje jakoj vatri dok ne postane vruće, ali ne zavrije.
b) U maloj zdjeli pjenasto pomiješajte kakao prah i šećer.
c) Dodajte osušene cvjetove lavande u vruće mlijeko i ostavite da se kuha 5 minuta. Uklonite cvjetove lavande.
d) Postupno umiješajte smjesu kakaa u vruće mlijeko dok se ne sjedini i postane glatka.
e) Umiješajte ekstrakt vanilije.
f) Nastavite zagrijavati vruću čokoladu s lavandom, povremeno miješajući, dok ne postigne željenu temperaturu.
g) Ulijte u šalice, prelijte šlagom i ukrasite laticama lavande. Poslužite i uživajte!

65.Tamna Matcha topla čokolada

SASTOJCI:
- 1 mjerica Fairtrade tamne tople čokolade
- 1 mala mjerica Matcha praha
- Mlijeko kuhano na pari

UPUTE:
a) Pomiješajte matchu s malo vruće vode i pomiješajte u glatku pastu
b) Dolijte mlijeko na pari, miješajući dok sipate

66.Mint topla čokolada

SASTOJCI:
- 2 šalice mlijeka (mliječnog ili alternativnog mlijeka)
- 2 žlice kakaa u prahu
- 2 žlice šećera (po želji)
- ¼ šalice svježih listova mente
- ½ žličice ekstrakta vanilije
- Šlag i listići svježe mente za ukras

UPUTE:
a) U loncu zagrijte mlijeko na srednje jakoj vatri dok ne postane vruće, ali ne zavrije.
b) U maloj zdjeli pjenasto pomiješajte kakao prah i šećer.
c) Dodajte svježe listove metvice u vruće mlijeko i ostavite da se kuha 5 minuta. Uklonite listiće mente.
d) Postupno umiješajte smjesu kakaa u vruće mlijeko dok se ne sjedini i postane glatka.
e) Umiješajte ekstrakt vanilije.
f) Nastavite zagrijavati vruću čokoladu s mentom, povremeno miješajući, dok ne postigne željenu temperaturu.
g) Ulijte u šalice, prelijte šlagom i ukrasite listićima svježe mente. Poslužite i uživajte!

67. Topla čokolada s ružmarinom

SASTOJCI:
- 2 šalice mlijeka (mliječnog ili alternativnog mlijeka)
- 2 žlice kakaa u prahu
- 2 žlice šećera (po želji)
- 2 grančice svježeg ružmarina
- ½ žličice ekstrakta vanilije
- Šlag i grančica ružmarina za ukras

UPUTE:

a) U loncu zagrijte mlijeko na srednje jakoj vatri dok ne postane vruće, ali ne zavrije.

b) U maloj zdjeli pjenasto pomiješajte kakao prah i šećer.

c) Dodajte svježe grančice ružmarina u vruće mlijeko i ostavite da se kuha 5 minuta. Uklonite grančice ružmarina.

d) Postupno umiješajte smjesu kakaa u vruće mlijeko dok se ne sjedini i postane glatka.

e) Umiješajte ekstrakt vanilije.

f) Nastavite zagrijavati vruću čokoladu s ružmarinom, povremeno miješajući, dok ne postigne željenu temperaturu.

g) Ulijte u šalice, prelijte šlagom i ukrasite grančicom ružmarina. Poslužite i uživajte!

68. Topla čokolada s bosiljkom

SASTOJCI:
- 2 šalice mlijeka (mliječnog ili alternativnog mlijeka)
- 2 žlice kakaa u prahu
- 2 žlice šećera (po želji)
- ¼ šalice svježeg lišća bosiljka
- ½ žličice ekstrakta vanilije
- Šlag i listići svježeg bosiljka za ukras

UPUTE:
a) U loncu zagrijte mlijeko na srednje jakoj vatri dok ne postane vruće, ali ne zavrije.
b) U maloj zdjeli pjenasto pomiješajte kakao prah i šećer.
c) Dodajte svježe listove bosiljka u vruće mlijeko i ostavite da se kuha 5 minuta. Uklonite listove bosiljka.
d) Postupno umiješajte smjesu kakaa u vruće mlijeko dok se ne sjedini i postane glatka.
e) Umiješajte ekstrakt vanilije.
f) Nastavite zagrijavati vruću čokoladu s bosiljkom, povremeno miješajući, dok ne postigne željenu temperaturu.
g) Ulijte u šalice, prelijte šlagom i ukrasite listićima svježeg bosiljka. Poslužite i uživajte!

69. Vruća čokolada od kadulje

SASTOJCI:
- 2 šalice mlijeka (mliječnog ili alternativnog mlijeka)
- 2 žlice kakaa u prahu
- 2 žlice šećera (po želji)
- 2 grančice svježe kadulje
- ½ žličice ekstrakta vanilije
- Šlag i list kadulje za ukras

UPUTE:
a) U loncu zagrijte mlijeko na srednje jakoj vatri dok ne postane vruće, ali ne zavrije.
b) U maloj zdjeli pjenasto pomiješajte kakao prah i šećer.
c) Dodajte grančice svježe kadulje u vruće mlijeko i ostavite da se kuha 5 minuta. Uklonite grančice kadulje.
d) Postupno umiješajte smjesu kakaa u vruće mlijeko dok se ne sjedini i postane glatka.
e) Umiješajte ekstrakt vanilije.
f) Nastavite zagrijavati vruću čokoladu s kaduljom, povremeno miješajući, dok ne postigne željenu temperaturu.
g) Ulijte u šalice, prelijte šlagom i ukrasite listićem kadulje. Poslužite i uživajte!

70. Bijela topla čokolada Oreo

SASTOJCI:
- 4 ½ šalice punomasnog mlijeka
- ⅔ šalice zaslađenog kondenziranog kokosovog mlijeka
- ⅔ šalice komadića bijele čokolade
- ½ žličice ekstrakta vanilije
- 1 žličica sirupa od keksa i kreme
- 8 Oreo keksa
- šlag za ukras

UPUTE:
a) Dodajte mlijeko, zaslađeno kondenzirano mlijeko, vaniliju i sirup od kolačića i vrhnja u veliki lonac na srednjoj vatri.
b) Izvadite nadjev iz Oreo kolačića i dodajte kremni nadjev sastojcima u loncu. Ostavite kolačiće za kasnije. U tavu dodajte komadiće bijele čokolade.
c) Miješajte sastojke u loncu dok se komadići bijele čokolade potpuno ne otope .
d) Ulijte vruću bijelu čokoladu koja se kuha na pari u šalice i prelijte velikom količinom tučenog vrhnja.
e) Završite izmrvljenim Oreo keksima.

71.Biscoff vruća čokolada

SASTOJCI:
- 2 šalice punomasnog mlijeka
- ¼ šalice Biscoff namaza
- 2 žlice nezaslađenog kakaa u prahu
- 2 žlice granuliranog šećera
- Šlag (po želji, za preljev)
- Biscoff keksi mrvice (po želji, za ukras)

UPUTE:

a) U malom loncu zagrijte punomasno mlijeko na srednje jakoj vatri dok ne postane vruće, ali ne proključa.

b) Umiješajte Biscoff namaz, kakao prah i granulirani šećer dok se dobro ne sjedini i postane glatko.

c) Nastavite zagrijavati smjesu, povremeno miješajući, dok ne postane vruća i sparna.

d) Maknite lonac s vatre i ulijte vruću Biscoff čokoladu u šalice.

e) Odozgo premazati šlagom i po želji posuti Biscoff mrvicama.

f) Biscoff vruću čokoladu poslužite odmah i uživajte!

72. Snickerdoodle vruća čokolada

SASTOJCI:
- 2 šalice mlijeka
- 2 žlice komadića bijele čokolade
- 1 žlica šećera
- ½ žličice ekstrakta vanilije
- ½ žličice mljevenog cimeta
- Štapići cimeta (po želji, za ukras)

UPUTE:
a) U loncu zagrijte mlijeko na srednje jakoj vatri dok ne postane vruće, ali ne zavrije.
b) U vruće mlijeko dodajte komadiće bijele čokolade, šećer, ekstrakt vanilije i mljeveni cimet.
c) Miješajte neprestano dok se komadići bijele čokolade ne otope i smjesa postane glatka.
d) Nastavite zagrijavati smjesu još nekoliko minuta dok ne postigne željenu temperaturu .
e) Ulijte u šalice i po želji ukrasite štapićem cimeta.

73.Vruća čokolada s komadićima čokolade

SASTOJCI:
- 2 šalice mlijeka
- 2 žlice kakaa u prahu
- 2 žlice šećera
- ¼ žličice ekstrakta paprene metvice
- Zelena prehrambena boja (po izboru)
- Šlag (po želji)
- Mljeveni čokoladni mint kolačići (po želji, za ukras)

UPUTE:
a) U loncu zagrijte mlijeko na srednje jakoj vatri dok ne postane vruće, ali ne zavrije.
b) Dodajte kakao prah, šećer, ekstrakt paprene metvice i nekoliko kapi zelene prehrambene boje (ako koristite) u vruće mlijeko.
c) Miješajte dok se kakao prah i šećer potpuno ne otope i smjesa dobro sjedini.
d) Nastavite zagrijavati smjesu još nekoliko minuta dok ne postigne željenu temperaturu .
e) Ulijte u šalice i po želji prelijte tučenim vrhnjem i zdrobljenim čokoladnim keksima.

74. Gingerbread Hot Chocolate

SASTOJCI:
- 2 šalice mlijeka
- 2 žlice kakaa u prahu
- 2 žlice šećera
- ½ žličice mljevenog đumbira
- ¼ žličice mljevenog cimeta
- ⅛ žličice mljevenog muškatnog oraščića
- Šlag (po želji)
- Mrvice od medenjaka (po želji, za ukras)

UPUTE:
a) U loncu zagrijte mlijeko na srednje jakoj vatri dok ne postane vruće, ali ne zavrije.
b) U vruće mlijeko dodajte kakao prah, šećer, mljeveni đumbir, mljeveni cimet i mljeveni muškatni oraščić.
c) Mutite dok se svi sastojci dobro ne sjedine i smjesa postane glatka.
d) Nastavite zagrijavati smjesu još nekoliko minuta dok ne postigne željenu temperaturu .
e) Ulijte u šalice i pospite vrhnjem za šlag i po želji pospite mrvicama od medenjaka.

75.Kuhano vino

SASTOJCI :
- 1 boca crnog vina
- 2 naranče
- 3 štapića cimeta
- 5 Zvjezdasti anis
- 10 cijelih klinčića
- 3/4 šalice smeđeg šećera

UPUTE:
a) Stavite sve sastojke osim naranči u lonac srednje veličine.
b) Oštrim nožem ili gulilicom ogulite polovicu jedne naranče. Izbjegavajte guliti što je više moguće srž (bijeli dio), jer ima gorak okus.
c) Ocijedite sok od naranče i dodajte u lonac zajedno s narančinom koricom.
d) Na srednje jakoj vatri zagrijte smjesu dok ne prokuha. Smanjite vatru da lagano krčka. Zagrijte 30 minuta da se začini prožmu.
e) Procijedite vino i poslužite u šalicama otpornim na toplinu .

76. Pudsey medvjedić keksi Hot čokolada

SASTOJCI:
- Pudsey medvjedić keksi (par komada)
- Mlijeko (2 šalice)
- Mješavina vruće čokolade ili kakao prah (2-3 žlice)
- Šećer (po ukusu, po želji)

UPUTE:

a) Započnite drobljenjem medvjedića Pudsey na male komadiće. Za ovaj korak možete koristiti valjak za tijesto ili kuhaču za hranu.

b) U loncu zagrijte mlijeko na srednje niskoj temperaturi. Povremeno promiješajte da ne zagori.

c) Nakon što se mlijeko zagrije, ali ne proključa, dodajte zdrobljene kekse Pudsey medvjedića u lonac. Lagano promiješajte da se sjedini.

d) Ostavite keks da se ulije u mlijeko oko 5-10 minuta. To će pomoći da se okusi stope.

e) Nakon vremena kuhanja, maknite lonac s vatre i procijedite mlijeko kako biste uklonili sve veće komade biskvita. Za ovaj korak možete koristiti cjedilo s finom mrežicom ili gazu.

f) Vratite mlijeko na laganu vatru i dodajte mješavinu vruće čokolade ili kakao prah. Dobro promiješajte dok smjesa ne postane glatka i dobro sjedinjena.

g) Po želji možete dodati šećera po ukusu. Imajte na umu da bi keksi već mogli dodati nešto slatkoće, pa ih prilagodite prema tome.

h) Nakon što se vruća čokolada zagrije i svi sastojci dobro sjedine, maknite je s vatre.

i) Vruću čokoladu ulijte u šalice i odmah poslužite. Možete ukrasiti tučenim vrhnjem, posipom kakaa u prahu ili dodatnim biskvitnim mrvicama za dodatni dodir okusa Pudsey medvjedića.

77.Brownie topla čokolada

SASTOJCI:
- 2 šalice punomasnog mlijeka
- ½ šalice gustog vrhnja
- 3 unce gorko-slatke čokolade, nasjeckane
- 2 žlice nezaslađenog kakaa u prahu
- 2 žlice granuliranog šećera
- ¼ žličice ekstrakta vanilije
- Prstohvat soli
- Šlag (za ukras)
- Brownie komadići (za ukras)

UPUTE:
a) U srednje jakoj posudi zagrijte mlijeko i vrhnje na srednjoj vatri dok ne počnu ključati. Nemojte dopustiti da prokuha.
b) Dodajte nasjeckanu gorku čokoladu, kakao prah, granulirani šećer, ekstrakt vanilije i prstohvat soli u lonac. Neprestano miješajte dok se čokolada ne otopi , a smjesa postane glatka i dobro sjedinjena.
c) Smjesu nastavite zagrijavati na laganoj vatri oko 5 minuta uz povremeno miješanje dok se malo ne zgusne.
d) Maknite lonac s vatre i ulijte vruću čokoladu u šalice.
e) Na vrh svake šalice stavite malo tučenog vrhnja i pospite komadiće kolačića preko tučenog vrhnja.
f) Poslužite odmah i uživajte u ukusnoj Brownie Hot Chocolate!

78.Açaí vruća čokolada

SASTOJCI:
- 1 ½ šalice Açaí pirea
- 1 šalica punomasnog kokosovog mlijeka
- 2 ½ žlice kakao praha
- 1 žličica ekstrakta vanilije
- Prstohvat soli

UPUTE:
a) Dodajte sve sastojke u malu tavu. Umutite da se sjedini i pustite da lagano kuha na srednje jakoj vatri.
b) Smanjite vatru na srednje nisku i nastavite pirjati dok se ne zagrije.
c) Ravnomjerno podijelite u dvije šalice i ukrasite svojim omiljenim vrućim preljevom od kakaa!

79. Vruća čokolada Schwarzwald

SASTOJCI:
VRUĆA ČOKOLADA:
- 1 šalica punomasnog mlijeka
- 2 žlice granuliranog šećera
- 1 ½ žlica nezaslađenog kakaa u prahu
- 1 žlica soka od višnje Amarena
- ½ žličice čistog ekstrakta vanilije
- 1/16 žličice morske soli
- 1 ½ unce 72% tamne čokolade nasjeckane

PRELJEVI:
- 4 žlice jakog vrhnja za šlag umutiti do mekanih vrhova
- 2 Amarena trešnje
- 2 žličice uvojaka od tamne čokolade

UPUTE:
a) Dodajte mlijeko, šećer, kakao prah, sok od višnje, vaniliju i sol u malu tavu na srednje jakoj vatri i miješajte da se sjedini.
b) Kad provrije, umiješajte nasjeckanu čokoladu.
c) Pustite da zavrije i kuhajte dok se malo ne zgusne, oko 1 minutu, neprestano miješajući.
d) Ulijte u 2 šalice i na vrh svake stavite polovinu šlaga, 1 trešnju i 1 žličicu čokoladnih uvojaka.
e) Poslužite odmah.

80. Začinjena Aztec topla čokolada s tekilom

SASTOJCI:
- 1 šalica mlijeka
- ¼ šalice gustog vrhnja
- 2 unce tamne čokolade, nasjeckane
- ¼ žličice mljevenog cimeta
- ⅛ žličice čilija u prahu (po želji)
- 1 unca tekile

UPUTE:
a) U loncu zagrijte mlijeko i vrhnje na srednje jakoj vatri dok ne zagriju, ali ne proključaju.
b) Maknite lonac s vatre i dodajte nasjeckanu tamnu čokoladu. Miješajte dok se ne otopi i postane glatko.
c) Umiješajte mljeveni cimet, čili u prahu i tekilu.
d) Ulijte u šalice i po želji ukrasite čilijem u prahu ili šlagom.

81. Vruća čokolada s jagodama

SASTOJCI:
- 2 šalice mlijeka
- ¼ šalice sirupa od jagoda
- 2 žlice nezaslađenog kakaa u prahu
- 2 žlice granuliranog šećera
- Šlag (po želji)
- Svježe jagode za ukras (po želji)

UPUTE:
a)   U loncu pomiješajte mlijeko, sirup od jagoda, kakao prah i šećer.
b)   Stavite lonac na srednju vatru i miješajte dok smjesa ne postane vruća i počne kuhati na pari (ali ne vrije).
c)   Maknite s vatre i ulijte vruću čokoladu u šalice.
d)   Prelijte šlagom i po želji ukrasite svježim jagodama.

82. Narančasta topla čokolada

SASTOJCI:
- 2 šalice mlijeka
- ¼ šalice soka od naranče
- 2 žlice nezaslađenog kakaa u prahu
- 2 žlice granuliranog šećera
- ½ žličice narančine korice
- Šlag (po želji)
- Kriške naranče za ukras (po želji)

UPUTE:
a) U loncu pomiješajte mlijeko, narančin sok, kakao prah, šećer i narančinu koricu.
b) Stavite lonac na srednju vatru i miješajte dok smjesa ne postane vruća i počne kuhati na pari (ali ne vrije).
c) Maknite s vatre i ulijte vruću čokoladu u šalice.
d) Prelijte šlagom i po želji ukrasite kriškama naranče.

83.Topla čokolada s malinom

SASTOJCI:
- 2 šalice mlijeka
- ¼ šalice sirupa od malina
- 2 žlice nezaslađenog kakaa u prahu
- 2 žlice granuliranog šećera
- Šlag (po želji)
- Svježe maline za ukras (po želji)

UPUTE:
a) U loncu umutite mlijeko, sirup od malina, kakao prah i šećer.
b) Stavite lonac na srednju vatru i miješajte dok smjesa ne postane vruća i počne kuhati na pari (ali ne vrije).
c) Maknite s vatre i ulijte vruću čokoladu u šalice.
d) Prelijte šlagom i po želji ukrasite svježim malinama.

84. Topla čokolada od banane

SASTOJCI:
- 2 šalice mlijeka
- 1 zrela banana, zgnječena
- 2 žlice nezaslađenog kakaa u prahu
- 2 žlice granuliranog šećera
- Šlag (po želji)
- Kriške banane za ukras (po želji)

UPUTE:
a) U loncu umutite mlijeko, zgnječenu bananu, kakao prah i šećer.
b) Stavite lonac na srednju vatru i miješajte dok smjesa ne postane vruća i počne kuhati na pari (ali ne vrije).
c) Maknite s vatre i ulijte vruću čokoladu u šalice.
d) Prelijte šlagom i po želji ukrasite kriškama banane.

85. Topla čokolada Nutella

SASTOJCI:
- ¾ šalice likera od lješnjaka
- Staklenka Nutelle od 13 unci
- 1 litra pola-pola

UPUTE:
a) Stavite pola pola na laganu vatru u lonac i dodajte Nutellu.
b) Kuhajte oko 10 minuta i neposredno prije posluživanja dodajte liker od lješnjaka.

86. Vruća čokolada inspirirana PB&J

SASTOJCI:
- 2 šalice mlijeka
- ¼ šalice kremastog maslaca od kikirikija
- ¼ šalice želea ili džema od malina
- ¼ šalice poluslatkih komadića čokolade
- 1 žličica ekstrakta vanilije
- Šlag (po želji)
- Čokoladne strugotine (po želji)

UPUTE:
a) U loncu srednje veličine zagrijte mlijeko na srednjoj vatri.
b) Dodajte maslac od kikirikija, žele ili džem od malina, komadiće čokolade i ekstrakt vanilije.
c) Smjesu neprestano mutite dok se komadići čokolade ne otope i sve dobro sjedini.
d) Maknite tavu s vatre i ulijte smjesu u šalice.
e) Po želji prelijte šlagom i strugotinama čokolade.
f) Poslužite odmah i uživajte u ukusnoj PB&J vrućoj čokoladi!

87. Vruća čokolada s maslacem od kikirikija i bananom

SASTOJCI:
- 2 šalice mlijeka
- 2 žlice kakaa u prahu
- 2 žlice namaza od čokolade i kikirikija (domaći ili kupovni)
- 1 zrela banana, zgnječena
- Šlag (po želji)
- Narezana banana (po želji)

UPUTE:
a) U loncu zagrijte mlijeko na srednje jakoj vatri dok ne postane vruće, ali ne zavrije.
b) Umiješajte kakao prah dok se ne otopi.
c) Dodajte čokoladu i namaz od kikirikija u lonac i miješajte dok se ne otope i dobro sjedine.
d) Umiješajte zgnječenu bananu dok se ne sjedini.
e) Ulijte vruću čokoladu u šalice i po želji stavite šlag i narezanu bananu. Poslužite vruće.

88. Serendipityjeva smrznuta topla čokolada

SASTOJCI:
- 1 ½ čajna žličica zaslađenog Van Houton kakaa
- 1 ½ žličice Droste kakaa
- 1 ½ žlice šećera
- 1 žlica slatkog maslaca
- ½ šalice mlijeka
- 3 unce tamne i svijetle čokolade s okusom Godiva (ili po ukusu)
- ½ unce svake od raznih visokokvalitetnih čokolada
- 1 velika kutlača mješavine uvezenih čokolada
- ½ litre mlijeka
- ½ litre smrvljenog leda
- Šlag (za preljev)
- Rendana čokolada (za ukras)
- 2 slamke
- Ledena žličica

UPUTE:
a) U parnom kotlu otopite zaslađeni Van Houton kakao, Droste kakao, šećer i slatki maslac, miješajući dok ne dobijete glatku pastu.
b) U parni kotao dodajte tamnu i svijetlu čokoladu s okusom Godiva i razne visokokvalitetne čokolade. Nastavite topiti čokolade, postupno dodajući mlijeko uz stalno miješanje dok smjesa ne postane glatka.
c) Ostavite smjesu da se ohladi na sobnu temperaturu. Kad se ohladi, prebacite ga u blender od litre.
d) U blender dodajte veliku žlicu mješavine uvezenih čokolada, ½ litre mlijeka i zdrobljenog leda.
e) Miješajte sve sastojke dok smjesa ne postigne željenu konzistenciju. Ako postane pregusto, možete dodati još mlijeka ili leda da prilagodite.
f) Ulijte Frozen Hot Chocolate u zdjelu za grejpfrut ili čašu za posluživanje.
g) Prelijte ga hrpom šlaga, a preko šlaga pospite naribanu čokoladu.
h) Umetnite dvije slamke u Frozen Hot Chocolate za pijuckanje i poslužite s ledenom žličicom za gutanje.

89.Amaretto topla čokolada

SASTOJCI:
- 1 ½ unce Amaretto likera
- 6 unci vruće čokolade
- šlag (po želji)
- strugotine čokolade (po želji)

UPUTE:
a) Dodajte Amaretto liker u šalicu.
b) Amaretto prelijte vrućom čokoladom.
c) Promiješajte da se sjedini.
d) Po želji prelijte šlagom i strugotinama čokolade.

90. Vruća čokolada s vinom

SASTOJCI:
- ½ šalice punomasnog mlijeka
- ½ šalice pola-pola
- ¼ šalice komadića tamne čokolade
- ½ šalice Shiraza
- Nekoliko kapi ekstrakta vanilije
- 1 žlica šećera
- Mali prstohvat soli

UPUTE:
a) Pomiješajte mlijeko, pola-pola, komadiće tamne čokolade, ekstrakt vanilije i sol u tavi na laganoj vatri.
b) Neprekidno miješajte da čokolada na dnu ne zagori, dok se potpuno ne otopi.
c) Kad se zagrije, maknite s vatre i ulijte vino.
d) Dobro promiješajte.
e) Probajte vruću čokoladu i šećerom prilagodite slatkoću.
f) Ulijte u šalicu za vruću čokoladu i odmah poslužite.

91. Topla čokolada s pepermintom

SASTOJCI:
- 1 šalica mlijeka
- ¼ šalice gustog vrhnja
- 4 unce poluslatke čokolade, nasjeckane
- ¼ žličice ekstrakta paprene metvice
- 2 unce rakije od peperminta

UPUTE:
a) U loncu zagrijte mlijeko i vrhnje na srednje jakoj vatri dok ne zagriju, ali ne proključaju.
b) Maknite lonac s vatre i dodajte nasjeckanu čokoladu. Miješajte dok se ne otopi i postane glatko.
c) Umiješajte ekstrakt paprene metvice i rakiju od paprene metvice.
d) Ulijte u šalice i po želji ukrasite tučenim vrhnjem i mljevenim bombonama od peperminta.

92.RumChata začinjena topla čokolada

SASTOJCI:
- 1 šalica mlijeka
- ¼ šalice gustog vrhnja
- 2 unce poluslatke čokolade, nasjeckane
- ½ žličice mljevenog cimeta
- RumChata od 1 unce

UPUTE:
a) U loncu zagrijte mlijeko i vrhnje na srednje jakoj vatri dok ne zagriju, ali ne proključaju.
b) Maknite lonac s vatre i dodajte nasjeckanu čokoladu. Miješajte dok se ne otopi i postane glatko.
c) Umiješajte mljeveni cimet i RumChata .
d) Ulijte u šalice i po želji ukrasite cimetom ili šlagom.

93.Topla čokolada sa začinjenom narančom

SASTOJCI:
- 1 šalica mlijeka
- ¼ šalice gustog vrhnja
- 2 unce tamne čokolade, nasjeckane
- Korica 1 naranče
- ¼ žličice mljevenog cimeta
- 1 unca Grand Marnier

UPUTE:
a) U loncu zagrijte mlijeko i vrhnje na srednje jakoj vatri dok ne zagriju, ali ne proključaju.
b) Maknite lonac s vatre i dodajte nasjeckanu tamnu čokoladu. Miješajte dok se ne otopi i postane glatko.
c) Umiješajte narančinu koricu, mljeveni cimet i Grand Marnier.
d) Ulijte u šalice i po želji ukrasite narančinom koricom ili šlagom.

94. Cafe Au Lait

SASTOJCI:
- 3 žlice instant kave
- 1 šalica mlijeka
- 1 šalica svijetle kreme
- 2 šalice kipuće vode

UPUTE:
a) Započnite laganim zagrijavanjem mlijeka i vrhnja na laganoj vatri dok ne postigne vruću temperaturu.
b) Dok se mlijeko i vrhnje zagrijavaju, otopite instant kavu u kipućoj vodi.
c) Neposredno prije posluživanja mješalicom miješajte zagrijanu mliječnu smjesu dok se ne pretvori u pjenastu konzistenciju.
d) Zatim uzmite prethodno zagrijani vrč i ulijte u njega pjenastu mliječnu smjesu. U isto vrijeme ulijte skuhanu kavu u poseban vrč.
e) Kada ste spremni za posluživanje, napunite šalice istodobnim točenjem iz oba vrča, puštajući da se mlazovi sjedine dok točite.

95.Klasični amerikanac

SASTOJCI:
- 1 šalica espressa
- Vruća voda

UPUTE:
a) Pripremite dozu espressa kuhanjem.
b) Prilagodite jačinu espressa po želji dodavanjem vruće vode.
c) Poslužite ga ovakvog ili po želji pojačajte okus vrhnjem i šećerom.

96.Macchiato

SASTOJCI:
- 2 doze espressa (2 unce)
- 2 unce (¼ šalice) pjene od punomasnog mlijeka

UPUTE:
a) Koristite ili aparat za espresso ili ručni aparat za espresso za pripremu jedne doze espressa.
b) Premjestite espresso u šalicu. Alternativno, razmislite o korištenju Aeropressa za kuhanje espressa.
c) Ako koristite aparat za espresso, zagrijte ½ šalice mlijeka dok ne zapeče. U konačnici će vam trebati samo ¼ šalice mliječne pjene.
d) Zagrijte mlijeko na temperaturu od 150 stupnjeva Fahrenheita; trebalo bi biti vruće na dodir, ali ne smije kuhati. To možete izmjeriti termometrom za hranu ili testirati prstom.
e) Upotrijebite aparat za espresso, napravu za pjenjenje mlijeka, francusku prešu ili pjenjaču za pjenjaču od mlijeka u male, jednolike mjehuriće.
f) Za macchiato, pokušajte proizvesti veliku količinu "suhe pjene", što je prozračna varijanta pjene. Pjenilica za mlijeko posebno dobro radi za postizanje ove vrste pjene.
g) Pomoću žlice pažljivo skinite gornji sloj pjene (suhu pjenu) i nježno je stavite na espresso. Trebali biste koristiti otprilike ¼ šalice pjene za jednu porciju.

97.Moka

SASTOJCI:
- 18 g mljevenog espressa ili 1 mahuna espressa
- 250 ml mlijeka
- 1 žličica čokolade za piće

UPUTE:
a) Skuhajte oko 35 ml espressa u aparatu za kavu i ulijte ga na dno šalice. Dodajte čokoladu za piće i dobro miješajte dok ne postane glatko.
b) Koristite nastavak za kuhanje na pari da zapjenite mlijeko dok ne dobije oko 4-6 cm pjene na površini. Držite vrč za mlijeko s izljevom otprilike 3-4 cm iznad šalice i ulijevajte mlijeko u ravnomjernom mlazu.
c) Kako se razina tekućine u šalici podiže, približite vrč za mlijeko što je moguće bliže površini napitka usmjeravajući ga prema sredini.
d) Kada vrč za mlijeko gotovo dodirne površinu kave, nagnite ga da brže točite. Dok to radite, mlijeko će udariti o poleđinu šalice i prirodno se presaviti, stvarajući ukrasni uzorak na vrhu vaše mokke.

98.Kava s mlijekom

SASTOJCI:
- 18 g mljevenog espressa ili 1 mahuna espressa
- 250 ml mlijeka

UPUTE:
a) Započnite kuhanjem otprilike 35 ml espressa pomoću aparata za kavu i ulijte ga na dno šalice.
b) Mlijeko kuhajte na pari pomoću nastavka za kuhanje na pari dok ne bude otprilike 2-3 cm pjene na površini.
c) Držite vrč za mlijeko s izljevom postavljenim oko 3-4 cm iznad šalice i ravnomjerno ulijevajte mlijeko.
d) Kada vrč za mlijeko skoro dodiruje površinu kave, nagnite ga kako biste povećali brzinu izlijevanja. Dok to činite, mlijeko će udariti o poleđinu šalice i prirodno se početi presavijati, stvarajući ukrasni uzorak na vrhu.

99.Baileys Irish Cream Topla čokolada

SASTOJCI:
- 1 šalica mlijeka
- ¼ šalice gustog vrhnja
- 2 unce poluslatke čokolade, nasjeckane
- 1 unca Baileys Irish Cream

UPUTE:
a) U loncu zagrijte mlijeko i vrhnje na srednje jakoj vatri dok ne zagriju, ali ne proključaju.
b) Maknite lonac s vatre i dodajte nasjeckanu čokoladu. Miješajte dok se ne otopi i postane glatko.
c) Umiješajte Baileys Irish Cream.
d) Ulijte u šalice i po želji prelijte tučenim vrhnjem ili marshmallowom.

100. Meksička začinjena kava

SASTOJCI:
- 6 klinčića
- 6 žlica kuhane kave
- 6 Julienne narančine korice
- 3 štapića cimeta
- ¾ šalice smeđeg šećera, čvrsto pakirano
- Šlag (po želji)

UPUTE:
a) U velikom loncu zagrijte 6 šalica vode zajedno sa smeđim šećerom, štapićima cimeta i klinčićima na srednje jakoj vatri dok se smjesa ne zagrije, ali pazite da ne zavrije.
b) Umiješajte kavu i pustite smjesu da prokuha, povremeno miješajući 3 minute.
c) Procijedite kavu kroz fino sito i poslužite je u šalicama za kavu, ukrasivši koricom naranče.
d) Po želji odozgo premažite šlagom.

ZAKLJUČAK

Dok završavamo naše putovanje uz vatru kroz " VRHUNSKI GRIJAČI ZA KAMINE 2024", nadamo se da ste iskusili radost stvaranja ugodnih i nezaboravnih trenutaka uz logorsku vatru. Svaki recept na ovim stranicama slavljenje je topline, okusa i zajedništva koji definiraju okupljanja uz vatru — svjedočanstvo jednostavnih užitaka dijeljenja pića, slatkiša i zajedničkih stvari u društvu prijatelja i voljenih osoba.

Bilo da ste pijuckali začinjeni cider pod zvijezdama, uživali u gnjecavim s'moreima uz vatru ili dijelili slane zalogaje s prijateljima, vjerujemo da su ovi grijači uz vatru dodali dašak čarolije vašem iskustvu na otvorenom. Osim recepata, neka koncept druženja uz kamin postane izvor radosti, povezanosti i stvaranja dragih uspomena.

Dok nastavljate uživati u toplini logorske vatre, neka "VRHUNSKI GRIJAČI ZA KAMINE 2024" bude vaš pouzdani suputnik, pružajući vam niz divnih opcija za uljepšavanje vaših trenutaka na otvorenom. Evo za pucketanje plamena, ugodna okupljanja i ultimativne grijače uz vatru koji svaku večer na otvorenom čine posebnom. Živjeli za stvaranje trajnih uspomena uz logorsku vatru!

www.ingramcontent.com/pod-product-compliance
Lightning Source LLC
Chambersburg PA
CBHW071912110526
44591CB00011B/1650